JN287660

井沢元彦の
戦乱の日本史

井沢元彦

小学館

井沢元彦の戦乱の日本史

一覧地図

本書で取り上げた戦乱や人物ゆかりの地について、そのおおよその位置を地図上にあらわしています。戦乱によっては、その位置に諸説ある場合があることをご了承下さい。

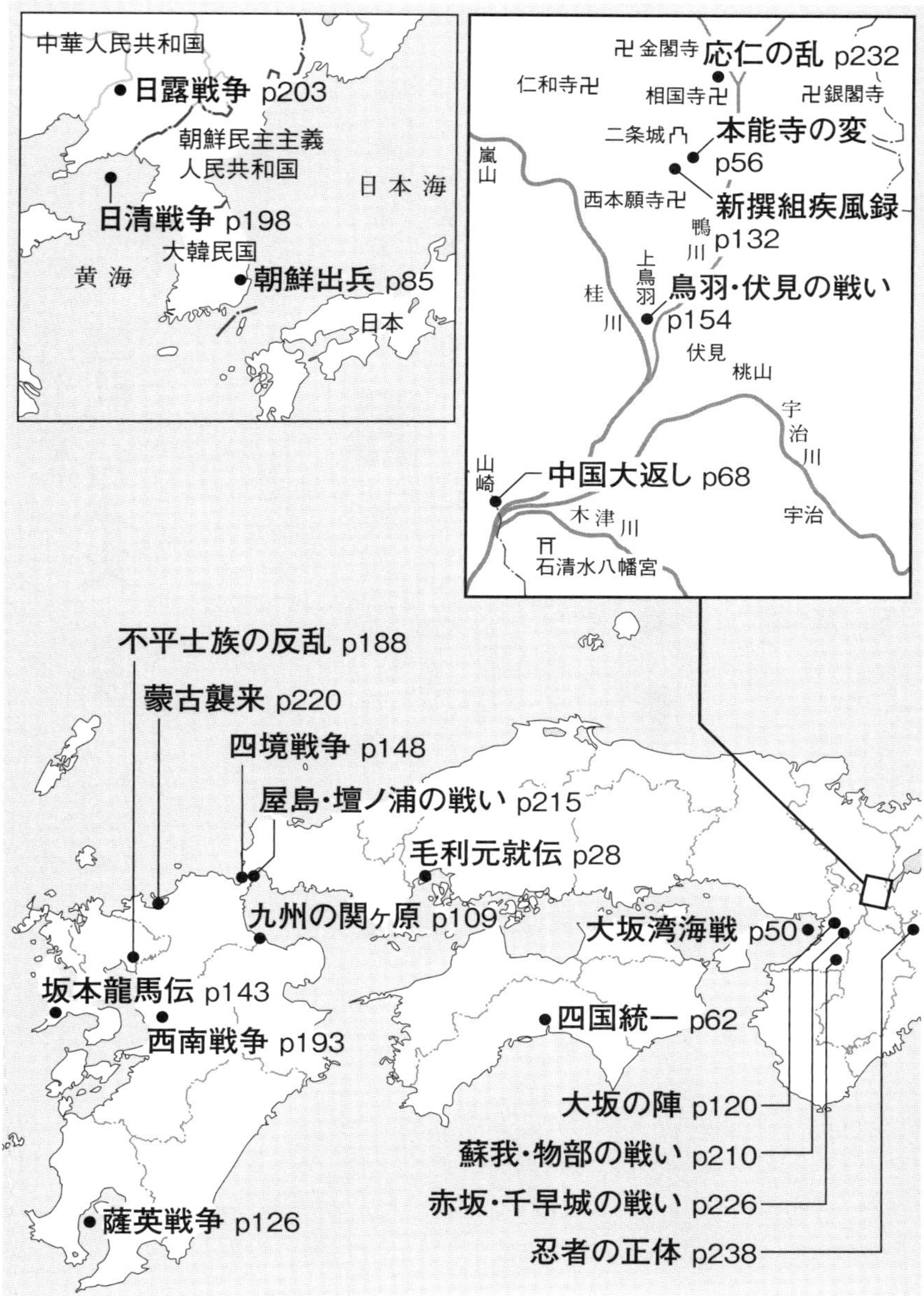

中華人民共和国
日露戦争 p203
朝鮮民主主義
人民共和国
日本海
日清戦争 p198
大韓民国
黄海
朝鮮出兵 p85
日本
金閣寺
応仁の乱 p232
仁和寺
相国寺
銀閣寺
二条城
本能寺の変
p56
嵐山
西本願寺
新撰組疾風録
p132
鴨川
上鳥羽
桂川
鳥羽・伏見の戦い
p154
伏見
桃山
宇治川
山崎
中国大返し p68
木津川
宇治
石清水八幡宮
不平士族の反乱 p188
蒙古襲来 p220
四境戦争 p148
屋島・壇ノ浦の戦い p215
毛利元就伝 p28
九州の関ヶ原 p109
大坂湾海戦 p50
坂本龍馬伝 p143
西南戦争 p193
四国統一 p62
大坂の陣 p120
蘇我・物部の戦い p210
赤坂・千早城の戦い p226
薩英戦争 p126
忍者の正体 p238

井沢元彦の戦乱の日本史 目次

第一章　戦国時代

其の1

「戦国常識」のウソ　下剋上

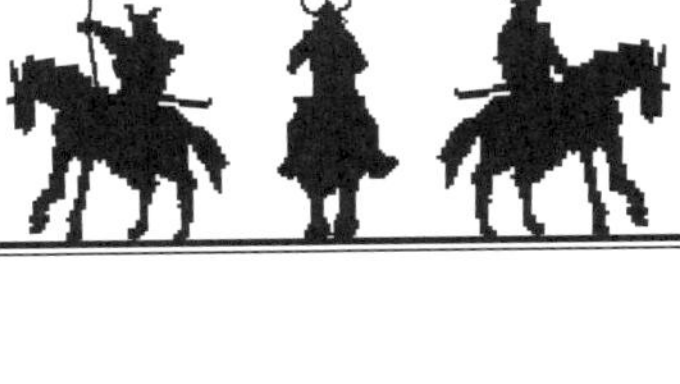

相模国《さがみくに》盗《と》り物語

中高年の星　北条早雲《ほうじょうそううん》

私たちがよく知る北条早雲が、自身で「北条早雲」と名乗った時期は、実は無い。ずっと昔から、この名で親しまれているのに大変残念（？）なことだ。

残念と言えば、浪人の身で妹（北川殿《きたがわどの》）との縁だけを頼りに、いわば徒手空拳《としゅくうけん》でやってきて「国盗《くにと》り」したというのも、最近では否定的に見る人が多い。彼の身分は単なる浪人でもなく、むしろ身分はそこそこ高く、中央の意を体して東国にやってきたという見方も出て来た。

これではロマン（？）が台無しである。

しかし、彼の持つ最大のロマンは何かといえば50歳を過ぎてから新しいことに挑戦し、しかも通常の人なら若い頃《ころ》から頑張《がんば》っても不可能なことを成し遂げたということではないか。

それも一昔前なら「定年」と言われた、普通の人間なら会社を辞める55歳くらいで一城（一国一城ではない）の主となり、そこからスタートして伊豆《いず》・相模の両国を奪っただけでなく、若い妻との間に子までなしたという、まさに中高年にとっては羨望《せんぼう》の的《まと》となるような人生である。

これこそ、男子が「北条早雲」に抱く最大のロマンであろう。

これが無くなってしまっては、いかにも寂しい。

ところが、最近この点にも疑義を持つ研究がぼつぼつと現われ始めた。それによれば、彼はもっと若くして東国にやってきたというので、人によっては、通説よりも24歳も引き下げる説も現われた。「24」というのは「12」の倍数だが、歴史上の人物についてはは（あるいは事件も）、エトはわかっているケースが多いので、年齢を上げ下げするのはる

国盗りの概要

伊勢盛時《いせもりとき》（出家名、宗瑞《そうずい》。北条早雲《ほうじょうそううん》はのちの呼び名）は、室町幕府とも縁故を持つ名門・伊勢氏を出自とする。

文明《ぶんめい》8年（1476）、妹の嫁ぎ先である今川《いまがわ》家で跡目争いが起こると、駿河《するが》（静岡県中部）に赴き、これを調停する。その後、都に戻り幕府の要職に抜擢《ばってき》されるが、再び今川家中で跡目争いが勃発すると、職を捨てて駿河に向かい、見事な手腕で今川氏の紛争を鎮定した。

これを機に今川氏の後見役となった早雲は、駿河に城を与えられ、やがて隣国の伊豆《いず》（静岡県東部）、次いで相模《さがみ》（神奈川県）全土を手中に収めた。

一介の素浪人から身を起こし、やがて戦国大名に成り上がったという早雲像は、もはや過去のものとなりつつある。

「12の倍数」であることが多い。

しかし、それにしても、あまりにもロマンがない説ではないか。

もちろん、歴史はあくまで真実であるべきで、歴史の研究というのは「本当はどうだったか？」を探求することである。あまりロマンにこだわって、歴史の真の姿を見失うことがあっては本末転倒というべきだが、私は実は「北条早雲」が東国にやってきた時は既に「中高年」であった、という通説を支持する者である。

その根拠は「早雲《そううん》寺《じ》殿《どの》廿《にじゅう》一《いっ》箇《か》条《じょう》」にある。

これは、彼が子孫のために残した遺訓だ。

読んでみると、なかなか面白い。もっとも冒頭の第1条は「神仏をよく信じること」であり、最後の第21条は「文武両道に励むこと」だから、平凡なものではないかと言われるかもしれない。しかし、「中間」はユニークな条文が多い。

その中でも現代でもそのまま使えるのが第8条であろう。次のようなことだ。

「朝、出仕（出勤）した時はいきなり上司のところに顔を出してはいけない。それとなく同僚などに探りを入れて、上司の機嫌を探ってから行くべきだ。そうしないと、ぎょっとするようなことになるかもしれないぞ！」

こういうことは今でもあるだろう。「巨人ファン」で巨人が負けた翌日はことのほか機嫌

伊勢氏・北条氏と今川氏略系図

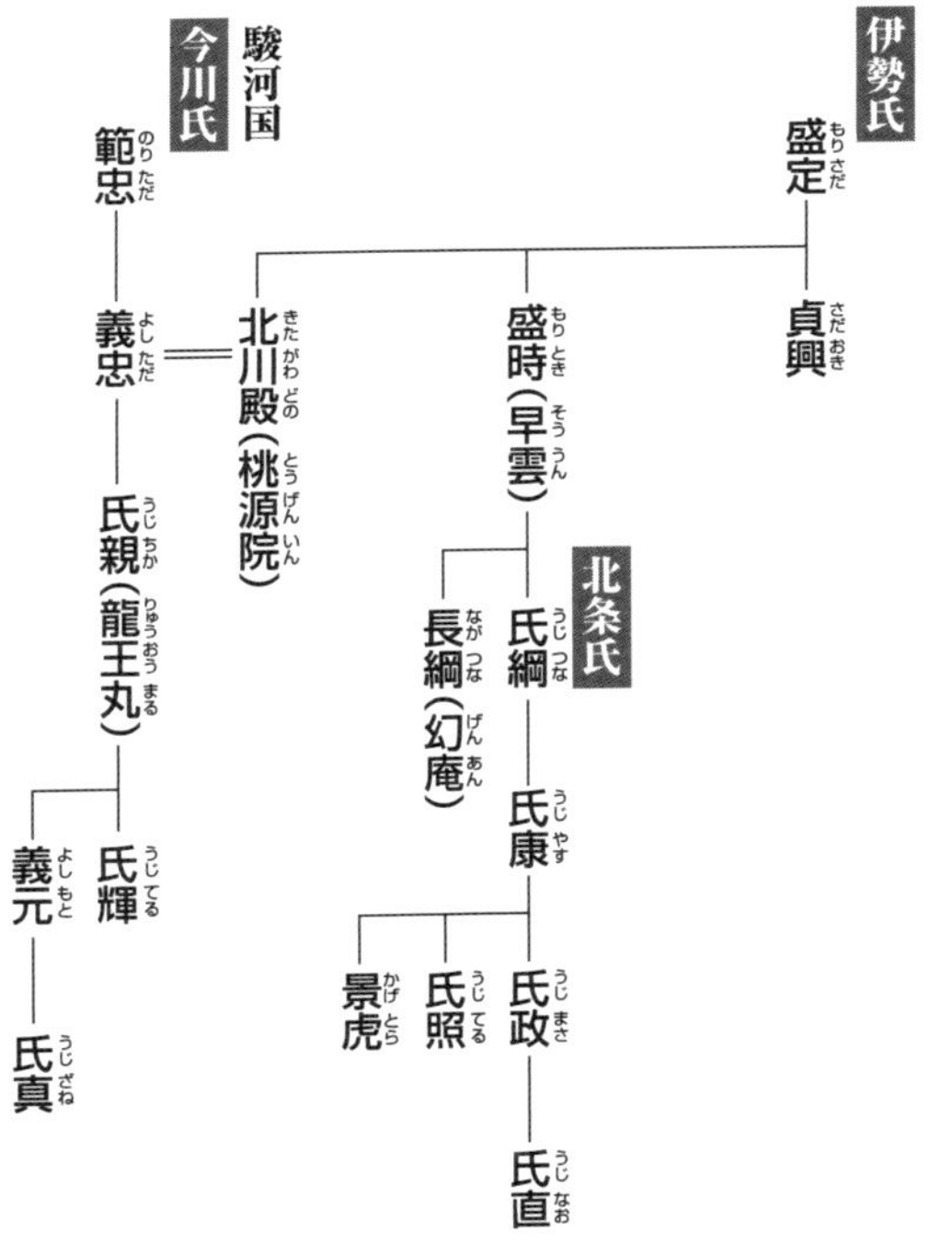

の悪い部長とか。まあ、巨人の負けぐらいならスポーツニュースでチェックできるが、予想外のことは有り得る。たとえば、ケーキが原因で腹をこわしている上司のところへ、出張の土産としてケーキを持って行ってしまい、「KY（空気の読めない奴《やつ》）」として出世が止まってしまう（？）とか。確かにこういうことは、事前にリサーチしておけば防げるのである。

しかし、他の大名が書いた遺訓（家訓）には、こんな言葉はカケラもない。それはそうだろう。今川義元《いまがわよしもと》にしても武田信玄《たけだしんげん》にしても生まれながらの殿様で、上司に仕えたことなど無い。こういう言葉が出て来るのはやはり叩《たた》き上げの苦労人である。苦労人だから年を取っていたとは限らないのだが、この「廿一箇条」を見ると、やはり人生のベテランでないとこういう言葉は出て来ないな、という感じがするものが多い。

第7条では「出仕しない日（休日）でも必ず髪は結っておけ（髪がボサボサではいざという時登城できない）」とあるし、これはむしろ偏見《へんけん》といった方がいいが、第20条では「女はとかく後先を考えずに家を散らかしたりするものだから、用心しなければならない」などと言っている。これも、若い者の見方ではあるまい。

この「廿一箇条」自体、「老人早雲」に合わせて後から作られた偽作であるという説もある。江戸時代以前のテキストは見つかっていないから、論理的にはその可能性もあるのだが、これは作家としてのカンとしか言い様がないが、この遺訓には実体験に裏打ちされた「匂《にお》い」がある。だから仮に「早雲作」ではなくても、やはり人生のベテランが作ったものであろう。ただし、別人が作ったものなのに早雲が作ったのだと後世に「仮託」された可能性はあるかもしれない。

あの時代、享年《きょうねん》88歳は長命すぎるというのは一理あるが、実は息子の北条幻庵《げんあん》は97歳まで生きている。だから「早雲」の中に「長命を保つ」DNAがあったことはまず確実である。

美濃《みの》国《くに》盗《と》り物語

「戦国常識」のウソ

オールドファン（?）には懐かしい『国盗り物語』（司馬遼太郎《しばりょうたろう》作）。「国盗り（国取り、ではなく）」という言葉が一般的になったのは、この名作が書かれ、なおかつＮＨＫの大河ドラマにもなったからだろう。

また、斎藤道三《さいとうどうさん》といえば、この作品以前では梟雄《きょうゆう》というイメージが強く、少なくとも二枚目のやる役ではなかったのだが、この作品以降はむしろ逆になった。「悪人」から「ヒーロー」への逆転、まさに「司馬マジック」というべきかもしれない。

しかし、実はこの英雄像、新発見の史料が無残にも打ち砕いた。「六角承禎条書《ろっかくじょうていじょうしょ》」である。これによってこれまで信じられていた、「京の妙覚寺《みょうかくじ》の法蓮坊《ほうれんぼう》が油売り商人となって徒手空拳《としゅくうけん》で美濃国へやってきて、一代で国盗りを果たした」という英雄伝説が完全に否定されてしまったのである。

すでに述べた「北条早雲《ほうじょうそううん》」にしろ、今回の「斎藤道三」にしろ、本当に「ロマン」が無くなってしまったわけだが、実はここで「リアル」に浮かび上がった歴史上の真実がある。

それは、まず豊臣秀吉《とよとみひでよし》がどんなに凄《すご》いか、ということである。

ちょっと「これまでの常識」で考えていただきたい。戦国大名それも「叩《たた》き上げの成り上がり」というと、誰《だれ》が頭に浮かぶだろうか？

もちろん「最大の公約数」として名が挙がるのは秀吉だろう。『太閤記《たいこうき》』はあまりにも有名だから。

しかし、少し歴史に詳しい人、いわゆる「通《つう》」や「マニア」は、「早雲」と「道三」を挙げた。「秀吉が凄いといっても、この二人の先輩ほどじゃないよ。なんといってもこの時点ではそういう前例が無かったのだから」ということだ。

国盗りの概要

戦国時代、諸国では守護家、守護代家、あるいはその一族が入り混じっての対立や内紛が複雑に絡み合い、多くの地域が内乱状態にあった。名門守護土岐《とき》氏の勢威が衰えた美濃《みの》（岐阜県南部）では、「下剋上《げこくじょう》」の典型ともいえる事件が起こった。主役は斎藤道三《さいとうどうさん》である。道三は、天文《てんぶん》21年（1552）、土岐頼芸《よりなり》を国外に追放して、名実ともに美濃の主となったのであった。

よく知られる道三の国盗り物語は、僧籍を離れて油商人になり、土岐家の家臣に取り立てられ、最後は美濃国主に成り上がったというものだ。しかし、近年の研究で、この一代記は、道三の父新左衛門《しんざえもん》尉《じょう》と道三の2代によって成し遂げられたものであることが明らかになった。

つまり「早雲」「道三」という先例がある以上、秀吉の出世物語は前代未聞ではなく、その価値もいささか減殺《げんさい》されるというのが、マニアの主張であったわけだ。ところが、この「前例」は否定された。つまり、秀吉こそ「前代未聞」であったことが逆に証明されたわけだ。

「どんなに凄いか」というのは、そういう意味である。

そこで、実は、もう一人「凄い男」がいるのが、おわかりになっただろうか？

織田信長《おだのぶなが》である。

秀吉があれほどの出世をしたのも、信長の引き立てがあったからこそだということは、誰もが知っている。しかし、逆に言えば、それは秀吉が極めて優秀であったからであり、信長がそれを引き立てたのはある意味当然であったという見方が昔からある。

そういう論を立てる人々の根拠は何かといえば、実はそれもこの「早雲」「道三」なのだ。平たく言えば、「戦国時代は実力さえあれば、どんな出世も夢ではなかった。だからこそ早雲や道三も徒手空拳の身から大名になれたのだ。信長が秀吉を引き立てたのは、こういう風潮から見れば当然のことをしたまでで、特に並はずれた偉業とはいえない」――おわかりだろうか？　実はこれも今、完全に否定されたのだ。「早雲」は中央とのコネで「道三」は2代かかって、ようやく「国盗り」を成し遂げた。「実力があればどんな出世も夢ではない」という「戦国常識」は実は「ウソ」なのである。

斎藤道三略系図

長《なが》井《い》新《しん》左《ざ》衛《え》門尉《もんのじょう》 生没年不詳

京から美濃に下り、守護代斎藤氏の家宰長井氏の下で頭角をあらわす。従来伝えられてきた道三の前半生は、実は父新左衛門尉の事績だったことが明らかになっている。

土《と》岐《き》頼《より》芸《なり》 1501~82

道三の後援を受け、美濃守護に就任するが、道三に追放される。その後は近江の六角氏などを頼って各地を転々とするが、失明して最後は美濃で死去したという。

深《み》芳《よし》野《の》 生没年不詳

土岐頼芸の愛妾だったが、道三に譲られたと伝わる。

斎《さい》藤《とう》道《どう》三《さん》 1494?~1556

長井新九郎規秀、長井利政、斎藤利政などを名乗る。守護代斎藤家の名跡を継ぎ、美濃の実権を握る。土岐頼芸を追放後、名実ともに美濃の国主となる。

小《お》見《み》の方《かた》 生没年不詳

一説には明智氏と縁続きだともいう。

長井道《みち》利《とし》 ?~1571

道三の弟という。龍興の美濃追放と同時に美濃を追われたが、のちに織田信長に仕えたという。

義《よし》龍《たつ》 1527~61

道三の嫡男だが、母が深芳野だったことから、古くから実父は土岐頼芸という説が流布。美濃一国を完全に平定したが、若くして病没。

龍《たつ》興《おき》 1548~73

義龍の嫡男。父の死後、稲葉山城主となる。母は浅井久政の娘ともいう。永禄10年（1567）信長に敗れて越前に逃れ、朝倉義景のもとに身を寄せるが、朝倉氏滅亡の際に討ち死にした。

濃《のう》姫《ひめ》 1535~1612

帰蝶（きちょう）。織田信長に輿入れするが、子は生まれなかったという。母が小見の方という説もある。

織《お》田《だ》信《のぶ》長《なが》 1534~82

織田信秀の嫡男。道三の娘婿にあたる。道三と義龍が対陣した際には、岳父である道三の救援に赴くが、間に合わなかった。

多くの人は「そんなバカな!」と叫ぶだろう。それはあまりにも固い常識となっているからだ。

また、歴史学者やマニアは「戦国時代が実力主義社会であったことの証拠がある」と次のような古文書を持ち出してくるかもしれない。

一、朝倉《あさくら》家においては宿老《しゅくろう》定むるべからず、その身の器用忠節によるべく候《そうろう》(現代かな遣いに改めた)

言わずとしれた「朝倉英林壁書《えいりんかべがき》(朝倉敏景《としかげ》十七箇条)」である。確かに、彼(英林)は、「家来は実力で選べ、世襲など許さぬぞ」と子孫に言い残している。しかし問題は、実際に子孫がこれを厳守したか、ということなのである。『国盗り物語』にもあるが、戦国きっての実力者明智光秀《あけちみつひで》は初め朝倉家に仕えたが門閥《もんばつ》つまり宿老制度にはばまれて出世できず、それで信長のもとに来たのである。そして、実は秀吉も織田家に来る前に今川《いまがわ》家の家臣である松下嘉兵衛《まつしたかへえ》に仕えたが、やはり出世できず信長のもとに来た。

信長にとって最も恐るべき敵であった武田信玄《たけだしんげん》すら、家臣は皆「譜代《ふだい》(何代にもわたって仕えている)」ばかりで新参者は山本勘助《やまもとかんすけ》ぐらいしかいない。

つまり、朝倉英林の述べていることは実は「理想」であり、それを誰も実践できていなかったのであり、唯一行なったのが信長だということなのだ。

では、なぜ実力本位の人材登用という、組織を強くする基本的行動をどの大名もできなかったのか？

それは、大名家というものが今で言う「同族会社」だからだ。同族会社にうっかり他所《よそ》者《もの》を入れて会社を乗っ取られては困るから、どの大名も警戒したのだ。現に、西国の雄大内義隆《おおうちよしたか》は相良武任《さがらたけとう》という低い身分の家臣を重用したため、陶晴賢《すえはるかた》に謀反《むほん》を起こされ滅びた。第一、信長自身が光秀に殺され秀吉に天下を乗っ取られているではないか。実力本位の人材登用など滅多なことではできないのである。

謙信《けんしん》の単騎斬《き》り込みは本当にあったか？

全部で5回あったという川中島合戦の第4回目において、上杉謙信《うえすぎ》（その時点では上杉政虎《まさとら》という名が正しいがここは謙信で通す）が単騎で敵陣に突っ込み、敵将武田信玄《たけだしんげん》に斬りつけたという、余りにも有名なエピソード、これをあなたは事実だったと思うか？

おそらく大方の答えは「話としては面白いがフィクションだろう」ではないか。歴史学界の先生方も「そんな話が実話であるはずがない」と口々に言う。だが、私は100パーセントとは言わないが、かなり高い確率でこれは実際にあった事実だと考えている。

何も奇をてらおうというのではないし、常識を無視した非論理的な推論をしようというのでもない。むしろ逆だ。というのは、私はむしろあの時代、この人物についての常識で考えれば単騎斬り込みは「あった」と考えるのが妥当な結論だと思っているからだ。

まず学者だけでなく一般人も主張するのが、「総大将がそんな無謀なことをするはずがない」という「常識」だろう。確かに昔の合戦では、桶狭間《おけはざま》の今川義元《いまがわよしもと》のように「総大将が首を取られたら負け」である。だが、ここに「常識の落し穴」がある。

たとえばフリークライミングというスポーツを御存じだろうか？　何の道具も使わずに岩を素手で登るもので、アメリカでは有名なスポーツである。もちろん安全マットも命綱も使用しない。手をすべらせたら即死である。しかし、いわゆるエグゼクティブにもこれを好む人がいる。他人から見たら「無謀」だとしか思えないことを、この人達は喜々としてやる。なぜか？「自信」があるからだ。もちろん私はそんな危険なことは絶対にしようとは思わないし、おそらく読者の大多数もそうだろう。しかし「ヤル奴はいる」のである。

それが人間の社会というものだ。

戦いの概要

信州・川中島《かわなかじま》を舞台とした越後《えちご》（新潟県）の上杉謙信《うえすぎけんしん》と甲斐《かい》（山梨県）の武田信玄《たけだしんげん》の戦いは、計5回行なわれ、その期間は足掛け約12年に及んだ。世にいう、「川中島の戦い」である。

戦いのきっかけは、信玄による信濃《しなの》（長野県）侵攻だった。北信濃に信玄の勢力が伸びることを、謙信は見過ごすことができない。一方の信玄も、簡単に北信濃から退くわけにはいかない。両者の衝突は、避けられないものとなった。

最も激戦となったのは、永禄《えいろく》4年（1561）の第4次合戦である。有名な信玄・謙信の一騎打ちが行なわれたとされるのも、この戦いであった。乱戦のさなか、信玄の弟・信繁《のぶしげ》が討ち死にするほど、すさまじい戦いであったという。

上杉謙信が毘沙門天《びしゃもんてん》の熱烈な信者だったということは、誰《だれ》もが絶対に否定できない事実である。「自分が毘沙門天の化身だと思っていた」という説もある。この説は採《と》らない人もいるかもしれないが、熱烈な信者であるということは誰も否定しないだろう。ではそれは具体的に言えばどういうことかと言えば、上杉謙信自身は「自分を不死身だと思っていた」ということだ。「毘沙門天に守られている自分を敵兵は決して傷付けることが出来ない」と確信していたということだ。それが「熱烈な信仰」ということなのだ。現代人はこのことを忘れている。すなわち傍目《はため》には無謀に見えても、謙信はそれは「危険」だとも「大将として軽率」だとも思っていないのである。

まだある。男がこういう冒険をためらう第一の理由は「妻子のことを考える」からだろう。また妻子がいない男なら「地位や財産を失うことを恐れる」ことがためらいとなる。しかし、謙信ファンならよく御存じのように彼には妻はいない。当然、実子もいない（養子はいる）。そして、彼は、一時国主の座を捨てて出家しようとしたほど地位や財産に執着しない男だ。その上に、信玄という「悪」を討とうという正義感ばかりは異常に強い。

もう一つ現代人が忘れているのは「大将としての責任」ということだ。謙信を信じて一万数千人もの兵士がついてきたのである。その兵士たちの多くを謙信はこの時点で失っている。このまま時を過ごせば、妻女山《さいじょ》へ行った武田軍別働隊が戻ってきて信玄の首を取れ

第4次川中島の戦い概略図

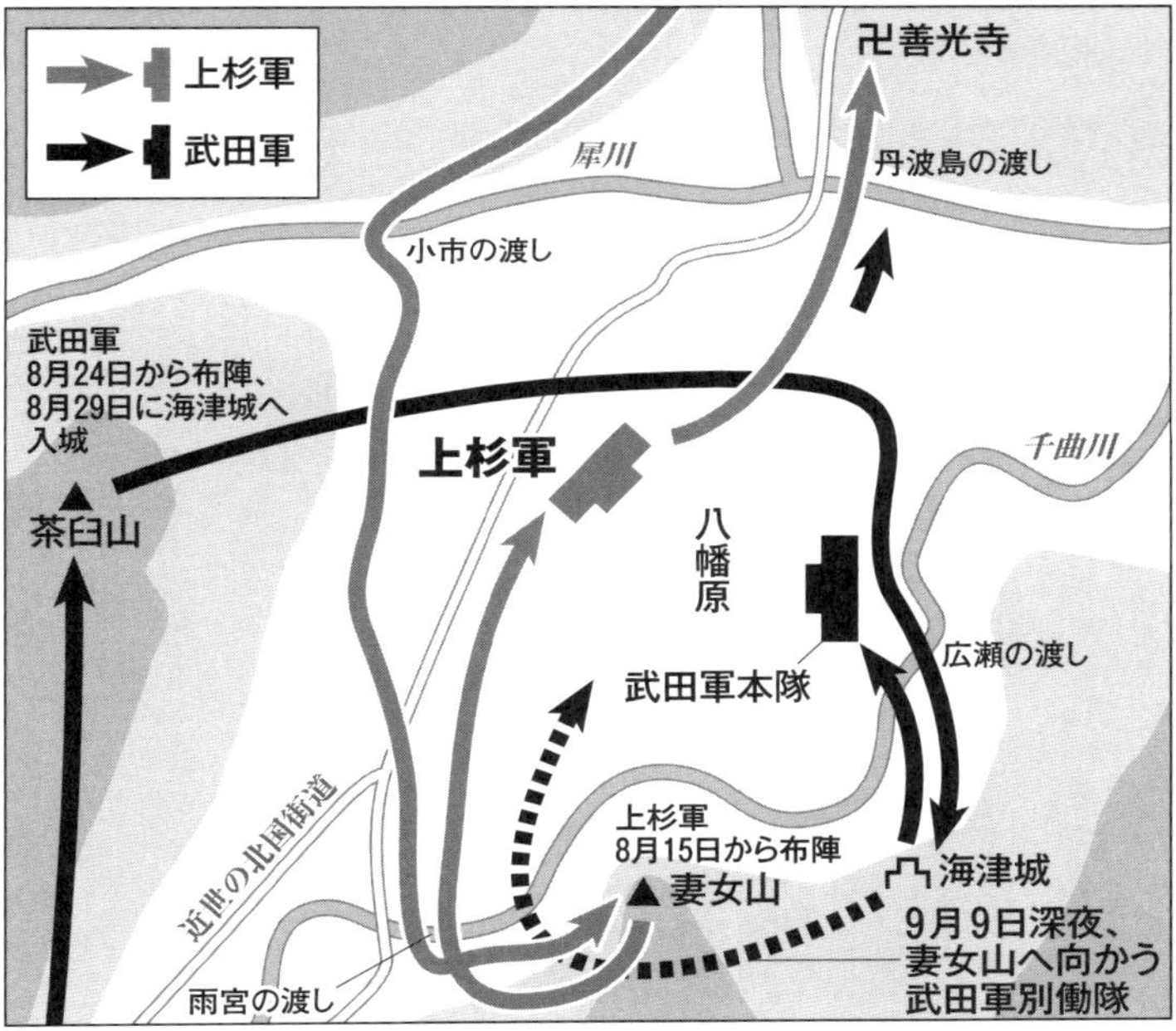

永禄4年(1561)8月15日、上杉謙信は川中島に到着して妻女山《さいじょ》に陣を構えた。一方の武田信玄は、24日に川中島に到着、茶臼《ちゃうす》山に陣を布き、29日には海《かい》津《づ》城に入った。9月9日深夜、信玄は山本勘助の作戦を採用し、上杉軍を急襲すべく、別働隊を妻女山に向かわせた。背後から妻女山の上杉軍を襲い、取り乱して下山する上杉軍を、八幡原《はちまんぱら》で待ちかまえる本隊と挟み撃ちにするのが狙いだった。しかし、事前にこの作戦を見抜いた謙信は、武田軍の別働隊が到着する前に八幡原へ向かい、武田軍本隊を襲う。八幡原での激闘は、当初は上杉軍が優勢だったが、やがて妻女山へ向かった武田軍別働隊が八幡原に駆けつけると、武田軍優勢にかたむき、謙信が善光寺方面へと兵を退いて戦いは終わった。

なくなる。そうすれば多くの兵士の死は無駄になる。――そう考えた時、謙信がどういう行動に出るか「心理学」で考えれば明らかだろう。

もっとも、こういう反論があるかもしれない。「いかに謙信がその気になっても、通常大将の周辺は重臣や兵士によってがっちり囲まれている。いくらその気になっても単騎斬り込みなど物理的に不可能だ」――これも実は誤りである。あの戦いは戦国史上最大ともいえる大激戦であった。しかも、あの時点で武田軍の方が数が少なく防戦一方であった。すべての兵士が出払ってしまい信玄一人が本陣に残されるという状況になっても不思議はない。それを遠くから謙信が視認したら、どうするか？　ということだ。

もっとも疑り深い人はこう言うかもしれない。「戦死者は確かに多かったが、大激戦ということは少し後の時代（江戸時代初期）に書かれた『甲陽軍鑑《こうようぐんかん》』の主張であって丸々信じるわけにはいかない」と。しかし、実はあれが大激戦であり前代未聞の大混戦であったことは、まったく別の事実で完璧に証明できるのである。それは、信玄の弟武田典厩信繁《てんきゅうのぶしげ》がこの戦いで上杉軍に首を取られているにもかかわらず、上杉方の誰が取ったのか、いまだにわかっていないという事実だ。通常なら絶対に有り得ない。武田軍の副将であり、おそらく目立った具足《ぐそく》をつけていたに違いない信繁の首を取ることは大手柄であり、莫大《ばくだい》な恩賞につながる。しかし、それを誰も主張できなかったということは、まさに戦場が未曾有《みぞう》の混乱状態であったことを示している。

ところで『甲陽軍鑑』は歴史学界では評判の悪い書物である。かつては「甲州流軍学を立ち上げるために小幡景憲《おばたかげのり》がデッチ上げたものだ」などとおっしゃる先生もいた。そんなバカな。『軍鑑』は、信玄の軍師である山本勘助《やまもとかんすけ》の作戦が謙信に見破られたと書いているのだ。「甲州流」のための「デッチ上げ」なら、なぜ勘助を失敗者として書くのか？　おかしいではないか。私は『軍鑑』は基本的には信用できる史料だと思っている。勘助の大失敗だけでなく、敵の総大将が味方の本陣まで突入してきたという、「武田軍の恥」をキチンとごまかさずに書いているからだ。すなわち、本当にあったこと（事実）だから、そのまま書いたのだろう、ということである。

「三本の矢」神話はなぜ生まれたか

毛利元就といえば、誰《だれ》でも知っていると言っても過言ではない、あのエピソード「三本の矢」。

Jリーグの広島を本拠とするチームが「サンフレッチェ」(サンは数字の「3」、フレッチェはイタリア語で「矢」)を名乗るほど、このエピソードは有名なのだが、実は本当の話ではない。

そもそも元就の臨終時には、長男隆元《たかもと》は既にこの世の人ではなかったのだから、あの話は成立しようがないわけだが、それでも根も葉もない話ではない。

いわゆる「三子《さんし》教訓状」があるからだ。三人の息子(隆元・吉川元春《きっかわもとはる》・小早川隆景《こばやかわたかかげ》)が健在の時に、一家の団結を説いた元就直筆の手紙である。その精神(?)を汲《く》んで逸話の形にしたのが、「三本の矢」なのであろう。

しかし、ここで一歩踏み込んで考えてみよう。どんな大名家であれ、一家の団結は絶対に必要なことには違いない。それなのに、なぜ毛利家を象徴する話として、このエピソードが生まれたのだろう。武勇とか規律ではなく、何故「団結」なのか？

それは、毛利元就という人物が戦国きっての謀略の名人であったことと、深い関係があると私はにらんでいる。

元就のことを私は「戦国謀略王」と呼んでいる。謀略といえば徳川家康《とくがわいえやす》や織田信長《おだのぶなが》の名も浮かばぬわけではないが、元就に比べれば、彼等ですら足元にも及ばない。元就を「横綱」とすれば、家康も信長も「大関」まで行かずせいぜい「関脇《せきわけ》」か「小結《こむすび》」であろう。

そもそも、次男坊だった元就が本家の当主になれたこと自体、私には謀略の臭《にお》いがするのだが、

元就の一生

明応《めいおう》6年（1497）、毛利《もうり》元就は安芸《あき》の国人毛利弘元《ひろもと》の次男として、安芸吉田《よしだ》郡《こおり》山《やま》城に生まれた。父弘元の隠退後に家督を継いだ兄興元《おきもと》と、興元の嫡子幸松丸《こうまつまる》が次々に急逝したことで、元就が毛利家の家督を相続することになった。しかし、西に大内《おおうち》氏、東に尼子《あまご》氏という二大勢力に挟まれ、苦難の日々が続く。

天文《てんぶん》9年（1540）には、大軍勢で押し寄せた尼子氏を吉田郡山城に迎え撃ち、見事勝利を収めた。以後、吉川《きっかわ》氏と小《こ》早川《ばやかわ》氏に次男と三男をそれぞれ送り込んで乗っ取るなど、毛利家発展に尽力する。

弘治《こうじ》1年（1555）には、厳島《いつくしま》の戦いで陶晴賢《すえはるかた》を破り、続く永禄《えいろく》9年（1566）には宿敵尼子氏を滅ぼし、ついに中国の覇者となった。

それは証拠のないことだから、さておくとしても、元就が「大きく」なった時は必ず謀略の力によっていることは、誰でもすぐに気が付くことだ。

「厳島《いつくしま》の戦い」も、本来兵数で考えれば絶対に不利な状況を謀略によってカバーしたことが勝因だし、宿命のライバル尼子《あまご》氏を滅ぼしたのも、謀略が効を奏した結果である。

また、本来は別の一族である吉川家や小早川家を、次男元春、三男隆景を養子として送り込むことによって、まんまと乗っ取ってしまったのも謀略の勝利である。

そのやり方は極めてエゲツない。

たとえば、吉川家を乗っ取った時は、重臣たちの勢力争いをあおって内紛状態にし、次男元春が吉川家の血を引く（元就の妻で元春の生母が吉川家出身）のをいいことに、養子として押しつけ、そして当主を無理矢理隠居させて元春を当主にした後で、元当主の一家を皆殺しにしてしまうという手段を取った。

また、小早川家を乗っ取った時もそうだ。

小早川本家の当主が若くして亡くなり、跡を継いだ子は生まれながらの盲目であった。元就はこれにつけ込み家中に内紛を起こさせ、反毛利派を一気に粛清。幼き当主を出家に追い込んで、自分の三男隆景に跡を継がせた。

また、これは後世の創作という説もあるが、元就がライバル尼子氏を弱体化させた謀略も見事なものであった。

尼子一族には新宮党《しんぐうとう》という集団があって、武勇の誉れ高く、一族を支えていた。そこで、元就はこれをつぶすために、領内で死刑にあたる罪を犯した男を呼びだして言った。「わしの手紙を届ければおまえの罪は許してやろう。ただし敵国に潜入するのだから危険な任務だぞ」。いくら危険とはいえ命が助かるのだから、男は喜んで応じた。元就は男を巡礼姿に変装させ密書を持たせ、尼子領内へと向かわせた。そして、ただちに追っ手をかけ、男が尼子領内に入ったところで物取りの仕業に見せかけて斬殺《ざんさつ》させた。

当然、尼子領内では役人が調べにあたる。すると男の死体から密書が発見される。もちろん、その密書にはいかにも新宮党が元就に内通しているように書かれてあったのである。完全なデッチ上げなのだが、尼子は完全にダマされてしまい、新宮党を皆殺しにしてしまった――。

いかにも元就がやりそうなことで、新宮党が粛清されたのは事実だから、私はやはり元就の仕業だと見たい。仮に一歩譲って、そうではなかったとしても、後世の人間がこういう話を作ったのは、いかにも元就がやりそうなことだったからである。

お気付きだろうか？　元就は敵のどんなところを攻撃のポイントとしていたか？　「団結」ではないか。

敵の「団結」をあらゆる手を使って崩して、そして勝つのが元就の常套手段《じょうとうしゅだん》であった。

そして、元就は誰よりも、信長よりも家康よりも知っていた。

「団結」ということが、いかに家を保っていくのに必要なことか。逆に言えば、それさえ崩してしまえば、どんな強い国でも大名でも呆気《あっけ》なく滅んでしまうことを、である。

だからこそ、元就は身内には口を酸っぱくして「団結」を説いた。それゆえ「三本の矢」が毛利家の「神話」になったのだ。

一つほめておこう。元就は本拠の吉田郡山城《よしだこおりやまじょう》を築城するにあたって、それまであたり前だった人柱《ひとばしら》の習慣を廃止した。そして代わりに石柱を埋めた。そこには何と書かれてあったか？「百万一心」――団結より強いものは無いということだろう。

第二章　戦国時代

其の2

天才信長・覇王の戦い

桶狭間の謎《なぞ》

織田信長《おだのぶなが》の「天下取りへのデビュー戦」とも言うべき桶狭間（田楽《でんがく》狭間）の戦いは、余りにも有名だ。有名ということでは「関ヶ原《せきがはら》の戦い」も有名だが、あれは徳川家康《とくがわいえやす》の謀略の勝利であり、逆に言えば戦闘としてはあまり「面白味」がない。それに引き換え、これは囲碁・将棋にたとえればまさに若き日の信長の「快勝譜」であり、爽快《そうかい》な「ドラマ」でもある。

その妙味については映画や大河ドラマのストーリーを思い出して頂くのもいいし、左ページの「戦いの概要」を読んで頂いてもいいのだが、実は近年になってこの「通説」は本当に正しいのかどうか、疑問を持つ人々が出現したのである。それもこの戦いの最大のポイントというかハイライトについての疑問だ。

それは、今川義元《いまがわよしもと》の「油断」を突いて、信長が騎兵の機動力を生かし奇襲攻撃をかけた。

これが信長の勝因だったというものである。

それもタイミングよく降ってきた豪雨を利用して、迂回《うかい》して山の上に回り、逆落《さかお》としで奇襲をかけた。あまりの暑さにヨロイを脱ぎ酒宴を催していた今川義元は、まんまと討ち取られてしまった――そんなストーリーが定説化している。

まず、今川義元という男だが、昨今の大河ドラマでも描かれていたように、決してバカ殿ではないし、いくら暑かったとはいえ（この日が猛暑だったということは本当らしい）戦の最中に酒宴などを催すだろうか？

こういう話を初めて言い出したのは、『太閤記《たいこうき》』の著者としても有名な小瀬甫庵《おぜほあん》の『信長記《しんちょうき》』なのだが、甫庵の「作品」は小説的な要素が多いということで、昔から低い評価の部分もある。それよりも、実際に信長の祐筆《ゆうひつ》（書記）だった太田牛一《おおたぎゅういち》

戦いの概要

永禄《えいろく》3年（1560）5月、駿河《するが》（静岡県中部）の今川義元《いまがわよしもと》は2万5000の大軍を率いて尾張《おわり》（愛知県西部）に侵攻した。対する織田信長《おだのぶなが》は、わずか2000の兵を率いて桶狭間《おけはざま》に休息中の今川本隊を攻撃。激戦の末、大将の義元を討ち取るという予想外の大勝利を摑《つか》んだ。

わずか数時間の合戦で明暗を分けた義元と信長。そのため、信長の巧みな戦術がもてはやされる一方、あまつさえ戦場で酒宴を催していたとされる義元の油断や、用兵の稚拙さが強調されてきた。信長の奇襲作戦が、義元の虚をつき、大勝利をもたらしたというのだ。

しかし、桶狭間の戦いが奇襲攻撃であったという従来の通説は、研究の成果もあり、近年では否定する論者が多い。

の書いた『信長公記《しんちょうこうき》』の方が史料としての信頼性は高いと言われている。

その『信長公記』には、義元は桶狭間山に陣を張っていたとあるのだ。

桶狭間山というのは位置は明確ではないが、当時の軍事常識から考えて、戦場全体を見渡せる場所だと考えられる。味方が大軍であっても、いやあればあるほど、少数の敵による一か八かの奇襲が有り得る。だからこそ警戒する。今川義元ほどの男が、物見を放っていないはずがない。源平の昔、源義経《みなもとのよしつね》の「ヒヨドリ越え」の奇襲が成功したのは、まさか騎兵が山の中を進んでくるとは誰《だれ》も思わなかったからだ。「桶狭間山」とはまるで条件が違うのである。

では、なぜ信長は義元の首を取ることができたのか？

見通しのいい山の上にいる敵に、下から突撃しても勝てる見込みは少ないし、逃げられる可能性も高い。にもかかわらず、歴史は信長が勝者となったことを告げている。

一体、何が信長を成功させたのか？

一つは、豪雨であろう。激しい雨が降ったことは確かで、その前には猛暑だったというのだから、おそらく雷雨があったのだろう。その結果、戦場が相当な視界不良になったと考えられる。

もう一つ重要なことは、当たり前と言われそうだが、信長が城を出撃していたことだ。

今川軍・織田軍の推定進軍図

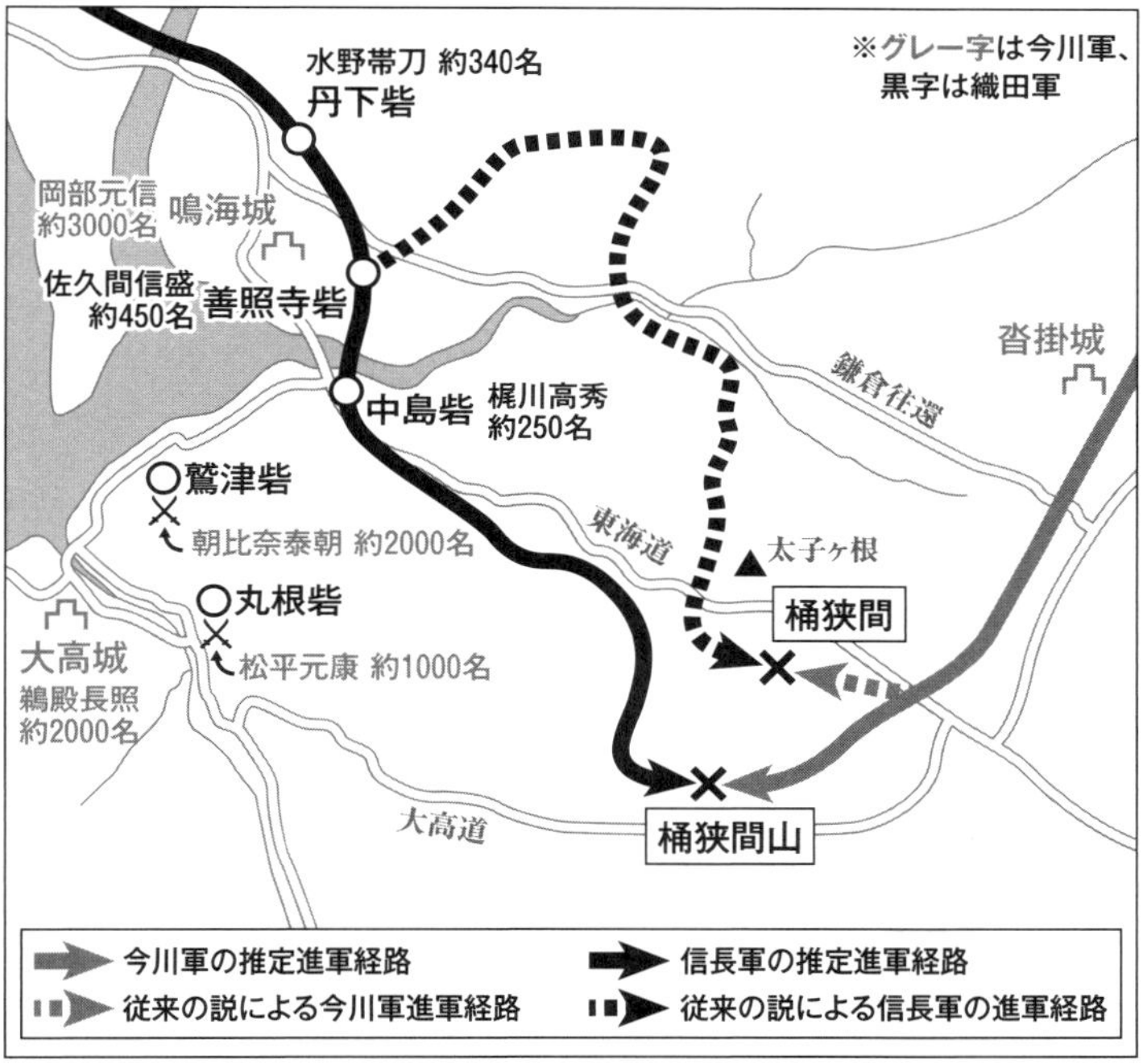

永禄3年(1560)5月19日、織田信長は今川義元との運命の戦いに挑んだ。従来の説では、織田軍は善照寺砦から東に大きく迂回して進み、桶狭間に布陣する今川軍に奇襲を仕掛けたとされてきた。しかし、最近では、善照寺砦を出た織田軍は、いったん中島砦に入り、その後、今川軍に正面攻撃を仕掛けたとする説が有力になっている。

清洲《きよす》城に籠《こ》もっていたなら、絶対にと言っていいほど義元を討つチャンスはない。だが、信長は本当に「義元が孤立している」という情報を摑《つか》み、奇襲攻撃が成功すると信じて城を出たのだろうか？

それを裏付ける事実であると考えられているのが、信長が合戦の論功行賞において、義元の首を取った毛利新助《もうりしんすけ》よりも、義元への「奇襲を進言した」簗田政綱《やなだまさつな》を一番手柄としていることだ。なるほどこれは、やはり桶狭間の戦いは「奇襲」だったのだ、ということを証明する事実に思える。

しかし、最近ではむしろ、史料としての信頼性が高い『信長公記』の記述に重きを置いて、この戦いは「迂回からの奇襲」でなく、「正面攻撃」だとする論者が多く現われた。

では、山上の敵へ、つまり「下から上」への不利な突撃がなぜ成功したかといえば、それはやはり、雷雨による視界不良のおかげだ。それがあったからこそ、通常なら成立しない、山上の敵への正面攻撃ができたというのだ。

また、この正面攻撃も、そこに義元がいることを確認してのことではなく、行きあたりばったりに敵を討とうと考えていたところ、たまたま最大の大物に上手《うま》く当たったのだという見解すらある。

「そんなバカな」と思うかもしれないが、名将というのは「ツキ」に恵まれた男のことを言う。信長は皮肉なことに、人生の最後で「奇襲」にあって死ぬが、それまではやはり幸運の連続である。別の言葉で言えば、「有り得ない」勝利というものを、しばしば名将は実現してみせるのである。

では、簗田政綱はどうなるのか？　おそらくは簗田は、「奇襲」ではなく「出撃」を進言したのだろう。「出撃」しなければそもそも勝利は有り得なかった。そこを信長が評価したのではないかと思うのだ。

織田《おだ》軍は弱兵だったか？

姉川の合戦という言葉自体、そもそも徳川《とくがわ》家の用語である。

この戦いの主戦力であった織田家と浅井《あざい》家では、この合戦のことを野村《のむら》合戦と呼んでいる。そもそも合戦の主戦場が野村という地名であったからだ。では、なぜ姉川の合戦という名になったかといえば、基本的には織田、浅井両家とも次の江戸時代に生き残れなかったからだ（厳密には織田家は1万石程度の大名として数系統残ったが、歴史の勝者とはとても言えない）。

しかし、同じ織田家が主役の戦いでも「桶狭間《おけはざま》の戦い」は「桶狭間」のままだ。「姉川」はなぜ「姉川」に変わったのか？　こういうところに注目すると歴史の真相が見えてくる。

いわゆる「姉川の合戦の話」の中で、最も印象的なことと言えば、敵にしては天晴《あっぱ》れな浅井家の強さとそれを上回る徳川勢の強さであろう。

浅井軍は、織田軍の13段構えを11段まで打ち破ったというのだ。しかも数は浅井軍の方が圧倒的に少ない。浅井軍は8千、それに対して織田軍は2万いたという、2・5倍の兵力である。にもかかわらず、織田軍は徹底的に押しまくられた。

その危機を救ったのは5千しかいなかった徳川家だったという。徳川家は浅井の援軍でかけつけた1万の朝倉《あさくら》軍に対し、互角以上の戦いをしてこれを敗走させた。そのことで頑強な抵抗を見せていた浅井軍も心が砕け士気が低下し、ついに織田軍の反攻を許してしまったというのだ。

つまり、「姉川の合戦」というのは、本来織田軍の負け戦であったところを、同盟軍である徳川家の奮戦でかろうじて逆転勝ちをした、ということになっているわけだ。

それにしても不思議なのは、織田軍は2万もい

戦いの概要

姉川《あねがわ》の戦いとは、元亀《げんき》1年（1570）6月28日、近江《おうみ》（滋賀県）北部を流れる姉川を挟んで対峙《たいじ》した、浅井《あざい》・朝倉《あさくら》連合軍約1万8000と織田《おだ》・徳川《とくがわ》連合軍約2万5000が激突した大会戦である。

北近江の戦国大名である浅井長政《ながまさ》は、織田信長《のぶなが》の妹であるお市《いち》の方《かた》（小谷《おだに》の方）を娶《めと》って同盟を結んだ。ところが、信長が越前《えちぜん》（福井県）の朝倉氏に兵を向けると、長政は一転して信長に反旗をひるがえした。これに激怒した信長は、長政討伐を決意。両者は姉川河畔で相まみえることとなった。戦いは、織田・徳川連合軍の勝利のうちに終わる。

織田軍に攻められた長政が小谷城で自刃して果てるのは、それから約3年後のことであった。

るのに、1万の朝倉軍ではなく、8千の浅井軍の方をなぜ担当したのか？

主力は確かに浅井軍で、これを撃破するのが目的だから、とは言える。また、総大将の信長《のぶなが》が最初は家康《いえやす》に「見物していろ」と言わんばかりの態度を見せ、怒った家康を巧みに数の多い朝倉家にあたるように誘導したという説もある。

だが、いずれにせよ、この姉川の戦いで最も華々しく「スター」なのは徳川軍であり、次いで「敵役」としての浅井軍、そして織田軍や朝倉軍は「引き立て役」になってしまっているように見える。

これは本当に合戦の真相を伝えているのだろうか？

ここで一つ気が付くのは、徳川将軍家には浅井家の血が入っているということである。「戦国三姉妹」として余りにも有名な浅井長政《ながまさ》とお市《いち》の方《かた》（信長妹）との間に生まれた「ちゃちゃ」、「はつ」、「ごう」は、それぞれ豊臣秀吉《とよとみひでよし》、京極高次《きょうごくたかつぐ》、徳川秀忠《ひでただ》の妻となった。

そのうち三女の「ごう（お江与《えよ》の方）」は徳川秀忠の正室として3代将軍家光《いえみつ》を産んでいる。

つまり、浅井家は将軍家光の母方の実家であるわけだ。

こうして見ると、徳川の視点で描かれた「姉川の合戦」では、浅井家が武勇の家柄でなくては困ることになる。なにしろ将軍家にも浅井の血脈が流れているのだ。

浅井家が負けたことは歴史上の事実で、それを曲げることは出来ない。しかし、「弱い」

織田家に負けたのではなく、後に将軍家となる徳川家の強さに負けたのだ、という形にすれば浅井の面目（？）を保つことはできるわけだ。

同時に、後に将軍家となる徳川軍の加勢なくしては、織田軍は絶対に勝てなかった、という形で徳川家を持ち上げることもできる。

そもそも、この合戦織田・徳川連合軍の死者はわずか８００である。

２万５千と１万８千の軍が正面から激突し、しかも伝えられているように織田軍の守りが13段中11段も破られたのなら、相当な大激戦のはずで、戦死者もこの２倍、３倍いてもおかしくない。

にもかかわらず８００で済んだということは、実は織田軍はそれほど弱くなく、徳川軍の加勢は仰いだものの、いなければ勝てなかったというのは誇張であると考えられるわけだ。

現に、この合戦において浅井軍の損害は甚大であった。兵の数を失ったことよりも、名のある武将を失ったダメージの方が大きい。特に浅井家随一の剛の者といわれた遠藤直経《えんどうなおつね》は徳川家ではなくて織田軍の武将の竹中《たけなか》久作（重矩《しげのり》。竹中半兵衛《はんべえ》の弟）に討ち取られているのである。

この大手柄には有名なエピソードがある。

直経は、合戦が終わった後に、首を持ち味方の将を装って信長本陣に現れた。油断を突いて信長を討つつもりだったのだ。それを久作が気づいて見事に討ち取ったという。しかも久作は合戦前から「遠藤直経は必ず自分が討ち取る」と広言していたというのだ。

小説的な話だが実話らしい。この話などもよくよく考えてみれば織田軍の兵士があまり浅井軍を恐れていなかったということの傍証にはなるだろう。

やはり織田軍はそんなに極端に弱かったわけではなかったのではないか。

大量の鉄砲の轟音《ごうおん》が武田《たけだ》騎馬隊を制御不能にした

「日本戦史」では正式には「設楽原《したらがはら》の戦い」と呼ばれる。天正《てんしょう》3年（1575）5月21日の出来事であった。

日本史の方向性を決定づけたとして、余りにも有名な戦いではあるが、一応その合戦に至るまでの事情を振り返っておこう。

武力による天下統一（天下布武《てんかふぶ》）を目指す織田信長《おだのぶなが》にとって、最大の強敵が「風林火山《ふうりんかざん》」の旗印で有名な甲斐《かい》武田家であった。その総帥《そうすい》であった武田信玄《しんげん》の率いる軍団は戦国最強ともいわれた。信長の同盟軍で東海地方最強といわれた徳川家康《とくがわいえやす》軍を、信玄は三方ケ原《みかたがはら》の合戦（1572年）で完膚《かんぷ》なきまでに打ち破っているのである。その武田軍に織田軍では勝てるはずがない。なによりも大将の信長がそれを知っていた。だから信長は信玄が生きている間は決して武田軍と戦おうとはしなかった。先に述べたように信玄は最晩年になって信長と戦うために出撃し、家康を赤子の手をひねるように撃破したのだが、雄図《ゆうと》空しく途中で陣没し、信長はほっと胸を撫《な》でおろした。だが信玄亡き後もその精強無比な軍団は息子の武田勝頼《かつより》に受け継がれた。天下統一のためには、何としてでもこの武田軍団を打ち破らねばならない。

武田軍の強さは、その中核部隊である騎馬隊にあった。足軽隊《あしがるたい》（歩兵）が敵に投石を行ない混乱させたあと、満を持した騎馬隊（騎兵）が敵に突撃して散々にこれを打ち破る。そして、大いに陣形を崩した敵をまた足軽隊が粉砕する、この強力な騎馬隊に対抗する手段は無かった。騎兵（馬に乗った兵）は近代以前は最強の兵種である。歩兵では到底これに対抗できないし、また織田軍の騎兵でも武田軍にはまったく歯が立たない。だが戦国きっての天才戦術家であった信長は、足軽隊だけで騎馬隊を撃滅する作戦を思いつく。そのタネは馬防柵《ばぼうさく》と鉄砲であった。騎馬隊の突撃を木柵で妨害し、敵が柵に引っかかっているところを鉄砲で狙《ねら》い撃ちにするというものだ。

当時、鉄砲足軽はどんな大名も養成していたが、織田軍ほどそれを多数保持していた大名はいなかった。当時の鉄砲は「先込め式」の「火縄銃」で操作に手間がかかり、少しでも雨が降ると火縄が濡《ぬ》れて使いものにならなかったからだ。突進してくる騎馬隊に、そんな操作性の劣る武器が通用するとは誰《だれ》も思っていなかったのだ。しかし、信長は馬防柵という、誰もが思いつきそうで思いつかなかった手を考えた。これが合戦の勝敗を最終的に決めた。

合戦の経過については下段の「戦いの概要」を見て頂きたい。

結果は御存じの通り、信長の革命的戦術によって武田軍は潰滅《かいめつ》した。ここにおいて戦国最強とうたわれた武田軍は衰亡の道をたどることとなり、逆に信長はその天下を固めたのである。

この合戦について、いままであまり識者が論じていない点に触れておこう。一つは、鉄砲の大量使用は火薬の原料である硝石《しょうせき》（硝酸カリウム）の輸入ルート確保と不可分であるということだ。武田は決して鉄砲の有用性を軽視したのではない。しかし、鉄砲は国産で調達できても、火薬製造に絶対必要な原料である硝石が手に入らない限り、鉄砲の大量使用はできない。当時、硝石はすべて

戦いの概要

長篠《ながしの》の戦い（長篠・設楽原《したらがはら》の戦い）とは、天正《てんしょう》3年（1575）5月21日、奥三河《みかわ》（愛知県北東部）に築かれた長篠城という小さな城をめぐり、織田《おだ》・徳川《とくがわ》連合軍と、甲斐《かい》（山梨県）から攻め寄せた武田勝頼《たけだかつより》の軍勢との間で、設楽原を舞台に行なわれた大規模な合戦である。

自領の長篠城が武田軍の猛攻にさらされ落城寸前となったため、家康《いえやす》は信長《のぶなが》に援軍を要請。信長みずから出馬して、長篠城西方の設楽原に陣を敷く。早朝から始まり昼まで続いた激闘は、結局、織田・徳川連合軍の完勝に終わった。

この戦いでは、3000挺の鉄砲を揃えた織田・徳川連合軍が、三段撃ちという新戦法を駆使して武田騎馬軍団を打ち破ったとする話が有名である。

輸入品だった。海外貿易ルートを持つ信長と、持たない武田の差がそこで出たのだ。

そして、もう一つ。これは私の発見だと自負していることがある。それは、この合戦において鉄砲の弾丸が必ずしも命中する必要はなかったということだ。何を言っているかと思うかもしれないが、実は馬という動物は大変音に敏感で、ちょっとした音を聞くだけで驚いて暴れ馬になってしまう。現在の馬は小さい頃《ころ》から音に驚かないような訓練を受けてはいるのだが、それでも暴走のきっかけは音に驚いたというケースが多い。砲声あるいは銃声と一口に言うが、実際に聞かれたら驚かれるだろう。轟音《ごうおん》とはまさにこのことを言う。特に近代以後の銃器は音が小さくなるように工夫してあるのだが、昔の銃はそのようなものはない。日本始まって以来の轟音が設楽原に轟《とどろ》いたはずだ。これでは騎馬隊は制御不能になったろう。

この合戦で、もう一つ言われるのが三段撃ちだ。弾込めに時間がかかるのを節約するため、一組3人が次々と弾を込め、撃ってはしりぞくという形をとったというのだ。これは小説的過ぎるとして否定する人もいるが、実際にこうすれば時間が短縮できることは事実であり、やった可能性は否定できないと思う。

この合戦において、勝った信長の最大の幸運（それは負けた勝頼の最大の不運でもあるのだが）、それまで梅雨だったのがカラリと明けて、当日は快晴であったことだろう。

信長は現地に到来するまで軍をゆっくり進めているから、明らかに梅雨が明けるのを待っていたのだ。しかし、明けたと思っても大雨になることもある。現に、この決戦の前夜は大雨だった。もし合戦の途中で、スコールのような雨が降ってきたら、織田軍は惨敗していたかもしれない。当然、信長の天下取りは大きく遅れただろう。しかし、実現はしたと思う。なぜなら織田軍は強力な経済力に裏打ちされた、補給力のある軍団だからだ。いわば近代のアメリカ軍で、兵は弱くても物量にまさるからである。

信長《のぶなが》の天才性——鉄甲船《てっこうせん》というアイデア

信長は天才ではないという人もいる。

私はこの見解に反対だ。信長ほど既成概念というもの、常識というものにとらわれなかった人はいない。その証拠はいくつもあるが、まず一つあげるならば豊臣秀吉《とよとみひでよし》という人物を見出したということだ。

組織運営で一番難しいのが人事であろう。逆に言えば、優秀な人材さえ見出すことができればその組織は安泰である。ところが、人を選ぶのも一種の才能で、その才能に恵まれた人物は滅多にいない。特に、サラリーマンの世界に生きてきた方々は、このことがよくおわかりだろう。秀吉は採用された時は足軽《あしがる》（兵）以下の小者《こもの》であった。今風に言えば、正社員ではないアルバイトである。それを最終的には「専務」に匹敵する地位に抜擢《ばってき》したのだ。そういう例は現代ですら珍しいはずだ。もっとも同じく「常務」に抜擢した明智光《あけちみつ》秀《ひで》に殺されてしまったのだから、信長の「人事」は失敗だという議論もあるかもしれない。それこそ結果論であろう。光秀も浪人出身だったのに、その能力を見抜いて重役に取り立てた。信長が抜擢した人物は、一人残らず優秀であったことは歴史が証明している。こういう人物が天才でないならば、天才などどこにもいないということになるだろう。

そして、信長が天才であったことのもう一つの証拠が、第1次木津川口《きづがわぐち》の海戦の敗北に際し、鉄甲船を造らせたことだ。

鉄甲船というアイデア、確かに信長の発案であるという確証はない。しかし、造船そして海戦の玄人《くろうと》であった九鬼嘉隆《くきよしたか》のアイデアではないと私は確信している。なぜなら、鉄甲船は「玄人の盲点」をついたものだからだ。

戦いの概要

織田信長《おだのぶなが》と石山本願寺《いしやまほんがんじ》との戦い（石山合戦）は、元亀《げんき》1年（1570）に始まり、天正《てんしょう》8年（1580）の勅命による講和まで足掛け約10年続いた。

天正4年、織田軍に包囲された石山本願寺は、毛利《もうり》氏に海路からの兵糧援助を要請。これに応えた毛利氏は、大輸送船団を水軍に護衛させて大坂湾に送り込む。大坂湾で迎え撃つ織田水軍を、瀬戸内の村上《むらかみ》水軍を主力とする毛利水軍は、焙烙《ほうろく》火矢《ひや》で炎上させ、苦もなく撃破。これが、第1次木津川口《きづがわぐち》の海戦である。

この敗戦に学んだ信長は、志摩《しま》水軍の九鬼嘉隆《くきよしたか》に鉄で覆われた巨大な鉄甲船建造を命じる。天正6年の第2次木津川口の海戦では、織田水軍の鉄甲船が、毛利水軍を完全に打ち破った。

「コロンブスの卵」という諺《ことわざ》を御存じだろうか？　15世紀末、世界で初めて西回りで新大陸への航路を発見したコロンブスは、実はこう考えたのである。当時、ポルトガルが東回りの航路で東洋へ行っていたが、「地球は丸い」のだから逆回りでもインドへ行けるはずだ、ということだ。このアイデアをポルトガルと対立していたイスパニア（スペイン）のイザベラ女王に提案し、スポンサーとなってもらい、コロンブスはサンタ・マリア号で西へ向かったのである。そして新大陸（アメリカ）を発見した。実はコロンブス自身はそこをインドだと勘違いして、住民を「インディオ（インディアン、直訳すればインド人）」と呼んでしまったが、とにかく西回りの航路を開いたのはコロンブスの功績である。

ところが、帰国後の祝賀パーティー（？）で、ある男がコロンブスにイチャモンをつけてきた。「地球は丸いんだから、そんなアイデア誰でも思いつくさ」というのである。コロンブスは男のテーブルにあった卵を取り上げ「あなた、これを立てることができますか？」と言った。もちろん卵は立てられないものである。男は「無理だ」と言った。するとコロンブスは卵の下をぐしゃりとつぶして無理矢理立ててみせた。「なんだ、それならオレにも出来る」と言ったのを、コロンブスは「出来てしまったことは誰の目にも簡単に見える。しかし、初めに思い付くのは極めて難しいのです」と言って、男をたしなめた——コロンブスの卵というのはそういう話である。

鉄甲船想像図

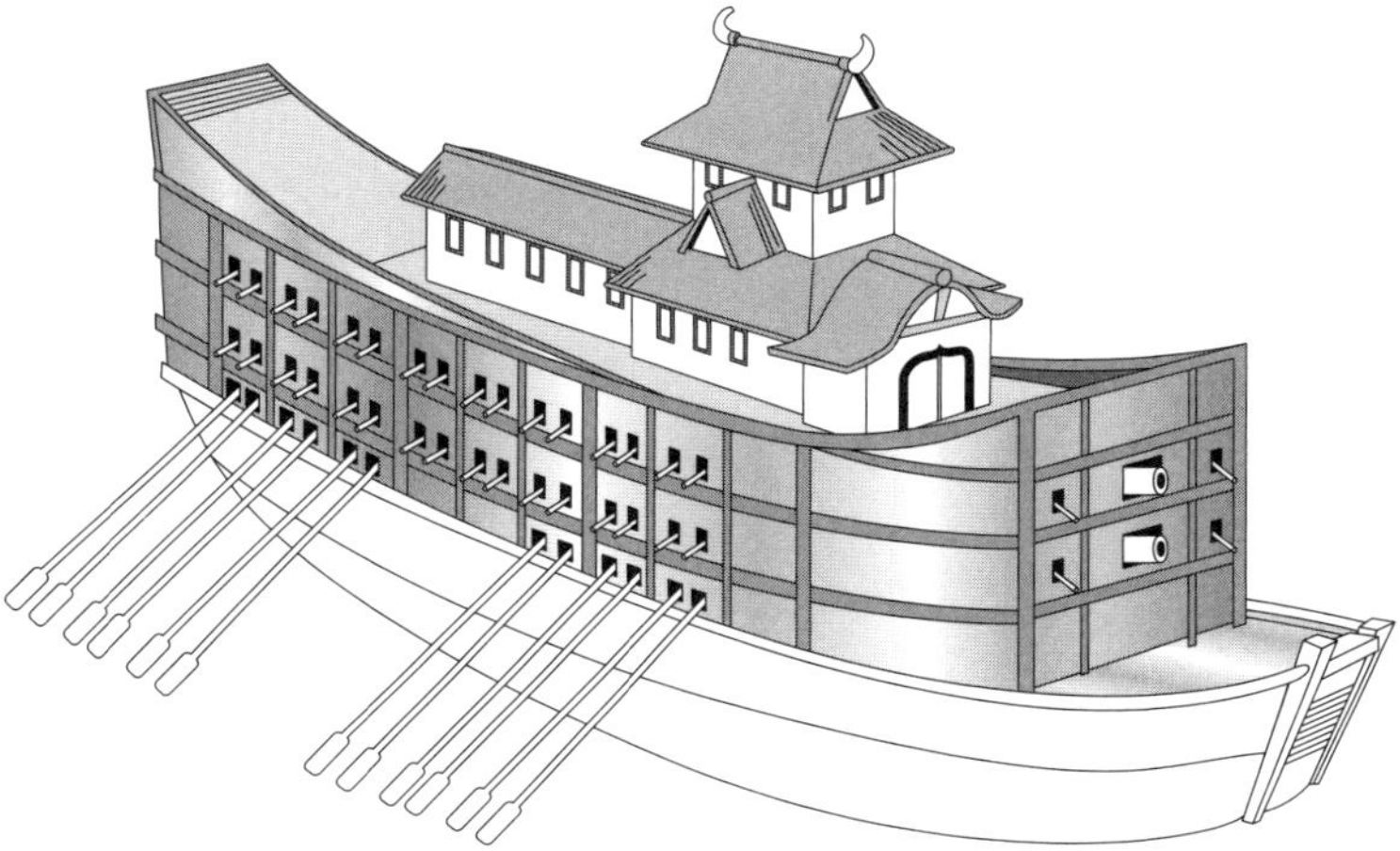

天正6年(1578)9月30日、織田信長臨席のもと、堺の港で鉄甲船の観艦式が行なわれた。興福寺の僧が著した『多聞院《たもんいん》日記』には、鉄砲の弾を通さないほどに鉄張りされた鉄甲船の装甲を見て、感嘆した様子が記されている。

第1次木津川口の海戦で、信長側の水軍の船団は、毛利《もうり》側の村上《むらかみ》水軍に焙烙火矢《ほうろくひや》という兵器によって大敗を喫した。これは今風に言えばナパーム弾である。その強力な焼夷《しょうい》能力に対抗するには、火を完全にシャットアウトする船を造ればよい——だから鉄張りにすればいいというのは、誰でも思いつくアイデアではないか、それが大方の感想だろう。しかし、まさにここが、「コロンブスの卵」なのだ。

当時の船はすべて木造帆船である。風力エネルギーで動くということは、運動性、航続能力を高めるためには出来るだけ軽く造らねばならない。

つまり、鉄という、金属の中では重い部類のものは、たとえ薄くのばして貼《は》りつけるとしても、最初から検討の対象にならないということだ。

もう一つある。海の水は塩水である。金や銅ならいいが、鉄はこの塩水には極めて弱い。サビという「病気」がある。近代になってステンレス（サビがないという意味）スティールやペイントが発明されて以後、初めて鉄は海でも使えるようになったのだ。それ以前は、船の玄人であればあるほど、こう言うだろう。「鉄で船をつくるってバカも休み休み言え。あんな重くて、しかも海水にはまったく弱いものをなぜ使わなきゃいけないんだ。材料としては論外だよ」

しかし、それは「船は外洋航海するもの」という「常識」にとらわれているから、そうなるのだ。外洋に出るなら「重く、サビる」鉄はまったく使えないし、使うべきではない。

しかし、この新造船の目的は外洋に出るのではなく、ほとんど動かずに村上水軍の焙烙火矢を防いで石山本願寺《いしやまほんがんじ》への補給を阻止すればいいのである。ならば「鉄張りにすればよい」。こう書けば簡単だが、実はそうではない。

天才とはそれまでの人々が「こんな簡単なことになぜ気が付かなかったんだろう」ということを「発見」する人のことだ。ちなみに長篠《ながしの》の合戦以前は、スピードの速い騎馬隊に、ほとんど動けない鉄砲隊が対抗できるとは、誰も思っていなかったのである。

本能寺の変に黒幕はいたか？

本能寺の変、つまり「織田信長《おだのぶなが》殺人事件」の実行犯は明智光秀《あけちみつひで》である。これは、まず間違いのないところだろう。

しかし、その背後に黒幕がいたかについては論争がある。要するに光秀の「単独犯行」ではないというのだ。ただ、その黒幕説を唱える人々も、一致しているわけではない。たとえば、朝廷であったり将軍足利義昭《あしかがよしあき》だったりイエズス会であったり、果ては羽柴秀吉《はしばひでよし》（豊臣秀吉《とよとみ》）黒幕説を唱える人もいる。昔は私もこの黒幕説に心引かれ、様々な可能性を検討してみたことがある。

だが、その結果私は今は「黒幕はいなかった」これは光秀の「単独犯行」であるという確信を深めた。その理由を述べよう。

それは本能寺の変の「脇役《わきやく》」である信長の嫡男《ちゃくなん》織田信忠《のぶただ》の行動に鍵《かぎ》がある。

たとえば、秀吉黒幕説を唱える人の最大の根拠は、まさにミステリーの大原則でもあるように「その犯行によって最大の利益を得た者を探せ」に合致するからだ。信長が死ななければ秀吉の天下は有り得なかった、これは事実だが、それを主張する人は秀吉の「天下取り」いや「天下盗《と》り」の過程をよく見て頂きたい。秀吉は織田家の相続争いに乗じて信雄《のぶかつ》（次男）、信孝《のぶたか》（三男）を争わせ、巧みに両者を排除しライバルの柴田勝家《しばたかついえ》を討ったのである。その時に秀吉が切り札として使ったのは赤ん坊であった信忠の遺児三法師《さんぼうし》であった。ここで、もし本能寺の変で、信長は殺されたが信忠が生き残ったとしよう。そうすると織田家の後継者は何の争いもなく信忠に決するのである。いや、既《すで》に決《きま》っていた。信長は、おそらく兄弟の家督争いを避けるためだろう、既に形の上では織田家の

事件の概要

本能寺《ほんのうじ》の変とは、天正《てんしょう》10年（１５８２）6月2日未明、織田《おだ》信長《のぶなが》の重臣明智《あけち》光秀《みつひで》が、京の本能寺に宿泊していた主君の信長を、1万３０００もの軍勢で突如攻め寄せ、滅ぼした事件である。

当時信長は、毛利《もうり》氏攻めのため遠征中だった羽柴秀吉《はしばひでよし》の援軍要請を受け、みずから中国地方へ出陣することを決意し、京に滞在中であった。しかし、本能寺にはわずかな家臣のみを伴っての宿泊だったため、防戦むなしく、わずか2時間ほどで戦いは終結し、信長は燃え盛る炎の中で自刃して果てたのである。

しかし、これほど有名な事件でありながら、その原因や黒幕の存在の有無について、４００年以上経った今でも、はっきりとした結論は出ていない。

当主の座を信忠に譲っていたのである。

だから、信忠が生き残れば、秀吉も勝家も信忠と同母弟《どうぼてい》である信雄も、そして異母弟《いぼてい》信孝も、織田家のすべての家臣も、同盟者の徳川家康《とくがわいえやす》も織田家の後継者は信忠と認めることになる。これでは秀吉がいくら反抗しようと思っても出来ない。そもそも秀吉自身が「三法師様は信忠様の御嫡男《ごちゃくなん》である」という論理で、ようやく「乱」を起こすことができたのだから、信忠が生きていればその「手品」は使いようがないのである。

確かに信忠は同じ日に父信長と共に殺されてしまった。それは歴史上の事実だ。だが、どんな記録を見てもはっきりしていることが一つある。それは、当初信忠はノーマークで京から脱出することは充分に可能だった、ということだ。

少人数の家来しか連れていない信長と違って、信忠は少なくとも一千の兵（もっと多かったという説もある）を連れていた。しかも、宿舎の妙覚寺《みょうかくじ》は明智勢に包囲されなかった。だから御所へと本隊を移すことができたのだ。信忠の最大の失敗は、おそらく父の救出および光秀への報復にこだわったためだろうが、一刻も早く京を脱出しなかったことだ。東へ向《むか》えば天下の名城安土《あづち》城があるし、南の大坂《おおさか》には四国の長宗我部元親《ちょうそかべもとちか》を攻めるための大軍が集結していた。これと合流し、他の方面軍と連繋《れんけい》すれば、父の仇《かたき》を討つこともできたろう。『信長公記《しんちょうこうき》』やイエズス会の記録の中にも、「ここは一刻も早く脱出すべきだ」と進

本能寺の変略図

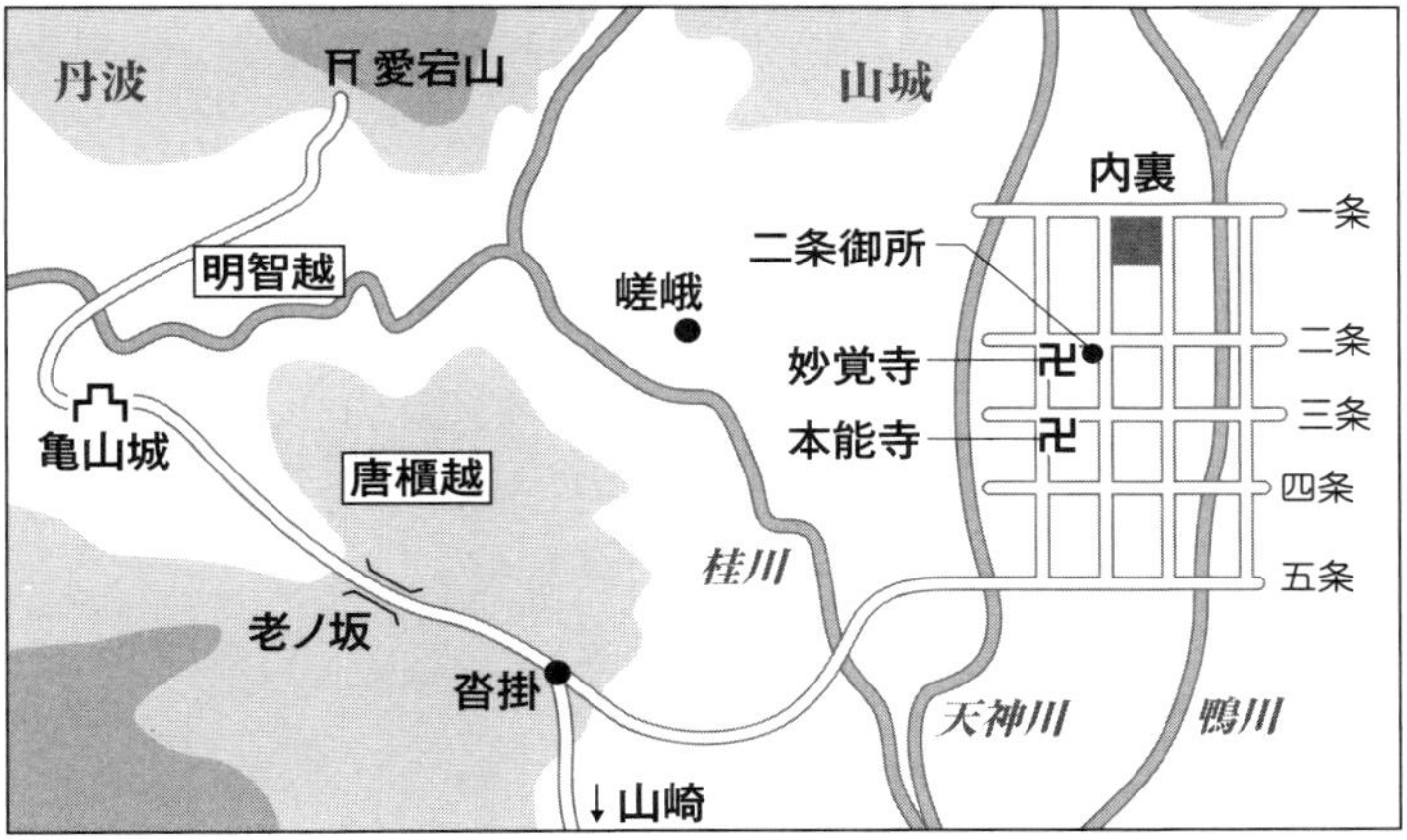

天正10年（1582）6月1日夜、亀山《かめやま》城を出発した明智軍は、老ノ坂《おいのさか》を過ぎて沓《くつ》掛《かけ》に達しても、山崎へとは向かわず、そのまま京へと歩を進めた。従軍する兵たちの多くは、この時はじめて、今回の出陣の真の目的を知ったことだろう。

言した家臣がいたことが記してあり、だからこそ、この判断を大きな誤りであるとした記述もある。

もし、秀吉が黒幕で天下を取るのが目的であるならば、信長だけでなく信忠も一緒に殺してしまわねばならない。つまり一万三千人も兵がいたのだから、本能寺だけでなく妙覚寺も包囲しなければならなかったということだ。それをしなかったのだから「犯人側」にとって信忠をも討ち取れたのは「幸運・偶然」なのである。

「黒幕」がいたなら、それは明らかに「信長政権」を崩壊させるのが目的だろう。だったら、それが秀吉にせよ朝廷にせよ足利将軍にせよ「信忠ノーマーク」は有り得ない話なのである。

つまり、「黒幕はいなかった」ということだ。繰り返すが、もし「いた」のなら、こんな手抜《てぬか》りを許すはずがないのである。

そして、逆に、光秀が信忠などまったく無視していた、このことが「発作的犯行」であった、という有力な論拠なのである。

今述べたことは、実は光秀自身についても成立する。つまり、光秀が信長を殺して天下の主になるという気が少しでもあったのなら、やはり「信忠ノーマーク」は有り得ない。むしろ信忠こそ確実に殺しておかねばいけない一番の標的となる。

しかし、光秀はそうしていない。つまり、信長憎しに凝り固まって、とにかく殺したいというのが本音ではなかったか。もちろん、兵士にはそうは言うまい。士気の問題がある。「これから殿《との》は天下人《てんかびと》となられる」と家臣に言わせたかもしれない。しかし、それならば「天下人になるための計画」が必要で、「信忠抹殺」はその最重要案件である。そのための手配りは欠かせないのである。

発作的犯行の理由だが、やはりそれは、信長という失敗を許さない苛酷《かこく》なリーダーに仕えてストレスがたまり、ノイローゼになったのだろう。そうとは気付かず、信長は無防備の状態で本能寺に泊《とま》ってしまった。不安定な心の持ち主に凶器を渡すような真似《まね》をしてしまったわけだが、信長も大名に取り立てた光秀がそんなことをするとは夢にも思わなかった。だからこそ見事に不意をつかれてしまったのであろう。

元親《もとちか》の誤算、信長《のぶなが》の誤算

長宗我部《ちょうそかべ》元親は数ある戦国武将の中でも「先の見える男」である。それを証明する事実は、元親がまだ日本の中央部をやっと抑えた頃《ころ》の信長に、早くから友好を求めていたことだ。

われわれは歴史を知っている。つまり「結果」を知っている。だから信長を選んだ元親の選択眼を「すごい」とは思わない。むしろ「当たり前」だと思ってしまう。

しかし、いくら日の出の勢いとはいえ信長には敵も多い。武田《たけだ》・上杉《うえすぎ》・北条《ほうじょう》・毛利《もうり》そして本願寺《ほんがんじ》。こうした「旧勢力」が結局天下を制すると考えていた人々も、当時は大勢いたはずだ。しかし、元親は土佐《とさ》の辺境にありながら、時代の行く末を正しく見据えていた。この中から、織田《おだ》信長を選んでパートナーシップを申し入れていたのである。

信長は元親の申し入れを最初はどう思ったのだろうか？　自分を高く評価してくれるのだから悪い気はしなかっただろうが、当時の信長には四国制覇など夢の夢である。まあ、遠い将来のことを考えて、辺境の英雄と結んでおくことはマイナスにはなるまい、と考えたのだろう。中国兵法にいう遠交近攻《えんこうきんこう》（遠国を味方にして近くの国を攻撃する）の策である。確かに近畿《きんき》から四国にかけて勢力を持つ三好《みよし》氏は、信長の有力な敵の一つだったからその三好氏の敵である元親は味方というわけだ。しかし、同盟相手というよりは、格下の弟分として遇するつもりだったろう。元親が嫁を求めてきた時も、織田一族ではなく重臣明智光秀《あけちみつひで》の家老斎藤利三《さいとうとしみつ》の妹を選んだ。これも、その息子に自分の娘を与えた徳川家康《とくがわいえやす》に比べれば、ランクが一つか二つ下の扱いだ。元親は不満に思ったかもしれないが、当時は二人の身代の差があり過ぎた。

　ところが、その元親がなんと三好氏を圧倒し、四国を統一する勢いを示した。それも信長の力は

戦いの概要

戦国期を迎えた土佐《とさ》（高知県）は、守護代細川《ほそかわ》氏の衰退によって、土豪が各地に割拠する無秩序状態にあった。こうした中、長宗我部元親《ちょうそかべもとちか》は対抗する勢力を次々と滅ぼして、土佐を統一した。

元親は、織田信長《おだのぶなが》の了解のもとに、さらに隣国へと勢力を拡大するが、信長はその後、元親には土佐と阿波《あわ》（徳島県）半国しか領有を認めないと態度を変える。これを無視した元親に対し、信長は四国征討軍を編成する。直後、本能寺《ほんのうじ》の変が起こるという天運に恵まれた元親は、阿波・讃《さぬ》岐《き》（香川県）の平定に成功。

しかしその後、羽柴《はしば》（豊臣《とよとみ》）秀吉《ひでよし》が大軍をもって攻め寄せるに及び、長宗我部軍はついに降伏。元親は土佐一国を安堵《あんど》され、豊臣政権下の大名となった。

一切借りず独力で、である。

まさか、そこまでやるとは信長も思っていなかっただろう。すなわち、これが信長の誤算である。

一方、元親は早くから信長とは対立しないように、友好を求めてきたのだ。斎藤利三の妹との間に生まれた嫡男に、信長の「信」の一字をもらって信親《のぶちか》と名乗らせたのも、そういう見通しがあったからだ。ところが、それだけ努力したのに、「四国の覇王」になった途端に信長は「四国全部を取ることは認めない。土佐と阿波《あわ》の半国だけにせよ」と言い出したのだ。これでは、何のために営々と友好のブロックを積み上げてきたのかわからないではないか。これが元親の誤算である。

誤算が誤算を呼ぶ。これで両者の間に対立が生まれた結果、信長は三男の信孝《のぶたか》を大将とする四国征伐軍を編成し、大坂《おおさか》に集結させた。つまり四国を全部取るという態度に出たのだ。おそらく信長は、息子の中では比較的出来のよかった信孝に「四国探題」のような肩書きを与えて、四国全土を任せるつもりではなかったかと思われる。

この戦い、いくら元親に地の利があるとはいえ、兵士の数でも鉄砲の数でも織田軍が圧倒的に有利である。仮に元親が地形を利用したゲリラ戦法に出ても、織田軍には圧倒的な経済力が背景にある。どう考えても、元親の負けである。四国征伐軍が大坂に集結した時点で、元親の命も長宗我部家の存続も、まさに風前の灯《ともしび》であった。

ところが、ここで信長側に大きな誤算が生じた。

明智光秀と家老斎藤利三のことだ。

この二人は明らかに織田家外交における、長宗我部担当であった。つまり、元親とのパイプ作りを、他ならぬ信長の命令で営々と続けて来たのだ。ところが、それが信長の方針転換で、一気につぶされることになった。これでは、光秀の面目は丸つぶれである。

だが、光秀はまだいい。もっと悲惨なのは斎藤利三である。四国征伐が行なわれるということは、元親の息子であり利三にとっても甥《おい》である信親も殺されるということだ。この時点で生きていたかどうかは不明だが、利三の妹だって当然討伐の対象になる。そもそも可愛《かわい》い妹を遠い土佐に嫁がせたのは信長の命令ではないか。それを今になって「殺してしまえ」は勝手過ぎる、そう思ったはずだ。

信長は信長で、家臣は自分の命令に従うのが当然で、そのために広大な領地を与えてやってるのではないか、と思っていた。仮に利三が信長に殺意を抱くようなことがあっても、光秀がそれを許さないはずだと思っていたかもしれない。

しかし、その光秀は長年のストレスでノイローゼ状態となり、信長殺しを決意した。信長にとっては最悪のタイミングだった。

運命の日天正《てんしょう》10年（1582）6月2日、つまり本能寺《ほんのうじ》の変当日は、まさに信孝率いる四国征伐軍が大坂湾を出航する予定日だったのである。その時点で、信長は考えられないような少人数で無防備な京にいた。そして、それを攻撃できる場所に光秀はいた。あれは発作的な犯行だと「本能寺の変」（P.56）の項で述べたが、通常主君が発作的に過ちを犯そうとした場合、それを止めるのが家老の役目である。ところが、この時ばかりは、そうは行かなかった。むしろ利三は積極的に賛成したのに違いない。これが信長の最後にして最大の誤算であった。ちなみに利三の娘は、あの有名な春日局《かすがのつぼね》である。

第三章　戦国時代

其の3

秀吉・天下統一への道

明智光秀《あけちみつひで》の毛利《もうり》宛密書を先に読んだ秀吉《ひでよし》の勝利

戦争に勝つには、決断力とスピードが極めて重要であるということを、一番物語っているのが、のちの天下人豊臣《とよとみ》秀吉が羽柴筑前守《はしばちくぜんのかみ》秀吉時代に決行した、この中国大返しであろう。

天正10年（1582）6月2日未明、少人数で京の本能寺《ほんのうじ》に宿泊していた織田信長《おだのぶなが》は、家臣の明智光秀の反逆にあい天下統一を目前に自刃した。世に云《い》う本能寺の変だ。

この頃、明智光秀と並んで織田家の「軍団司令官」であった羽柴秀吉は、中国地方の大名である毛利輝元《てるもと》と戦っていた。その最前線である備中《びっちゅう》国（岡山県）の高松《たかまつ》城（岡山市）を、水攻めで攻略しつつあったのである。

そもそも、信長が京へ入ったのも、光秀が軍勢を率いて本拠地の丹波亀山《たんばかめやま》城（京都府亀岡市）を出陣したのも、この毛利攻めに参加するためだった。

といっても、別に負けていたわけではない。川をせきとめ城を水中に孤立させるという、秀吉の名戦術によって、城は落城寸前だったし毛利家自体も和議を進めた方がいいという雰囲気になっていた。実際、下交渉は進められていた。もちろん、織田軍絶対有利の立場での和平交渉である。

ところが、そこに本能寺の変が起こった。光秀はとりあえず近畿《きんき》方面を固めるために時間が必要だった。そこで「信長を討った。和平交渉に応じるな」という内容の密書を毛利家に送った。毛利家は当然勇気百倍して秀吉を絶対に逃すまいとするだろう。その間にゆうゆうと天下を固めることもできるし、場合によっては毛利と同盟し西と東から邪魔な秀吉を挟み撃ちにしてしまえという思惑もあったに違いない。

ところが、この光秀の打った手が完全に裏目に

戦いの概要

主君・織田《おだ》信長《のぶなが》から毛利《もうり》氏討伐の命を受けた羽柴秀吉《はしばひでよし》は、天正《てんしょう》10年（1582）3月、備中《びっちゅう》国（岡山県）の高松《たかまつ》城攻撃に向かった。しかし、高松城が陥落寸前になった矢先の6月2日、本能寺《ほんのうじ》の変が勃発。信長を討った明智光秀《あけちみつひで》は、加勢を得るため諸将に密使を放った。ところが、毛利氏に向かった密使が、3日夜、秀吉方によって捕えられる。「本能寺の変」を知った秀吉は、事態を隠して毛利方と和議を結び、光秀討伐を図る。

秀吉は、4日に陣を撤収すると、居城の姫路《ひめじ》城までの約70㎞をわずか一日半で駆け抜け、さらに12日には京付近の富田《とんだ》に進軍する。備中高松から山崎《やまざき》まで約180㎞。この常識を超えた速度の行軍を、「中国大返し《ちゅうごくおおがえし》」と呼ぶ。

出た。本能寺の変を伝える光秀の密使は、なんと秀吉の陣に迷い込み捕えられ、一足先に秀吉の方に情報が伝わってしまったのである。光秀にとっては、信長の死を秀吉は知り毛利方は知らない、という最悪の事態になった。どうしてこんなことになったのか？　光秀の使者は極め付けの「バカ者」だったのか？　それもない。こんな時の使者は極めて優秀な者を選ぶはずだからだ。ポイントは水攻めだろう。これは日本始まって以来の奇想天外な作戦である。当然、高松城が水中に孤立し誰も近付けないことは、光秀にもその使者にも予測できなかった。もちろん秀吉側の水際には、城に舟で渡ろうとする者がいないように厳重に警戒されていたに違いないのだ。この警戒網に使者が引っかかったのだろう。だからこれは偶然の出来事ではないのである。

しかし、一足先に信長の死を知ったからといって頭の中は真っ白になったに違いない。これからどうしたらいいのか？

一番の愚策は陣を払って引き上げるということだ。絶対有利な状況から異常なことをすれば敵は追ってくる。初めは罠《わな》かと思うかもしれないが、封鎖を解けば信長の死はいずれ敵に伝わってしまう。味方は戦意喪失、敵は勇気百倍というトンデモナイことになる。人間、窮地に陥った時に使える有効な手の一つに、何もせずじっと待つというのがあるが、この場合は使えない。いずれ情報は伝わるからだ。結果で言えば、信長と敵対していた紀州の

秀吉の中国大返し

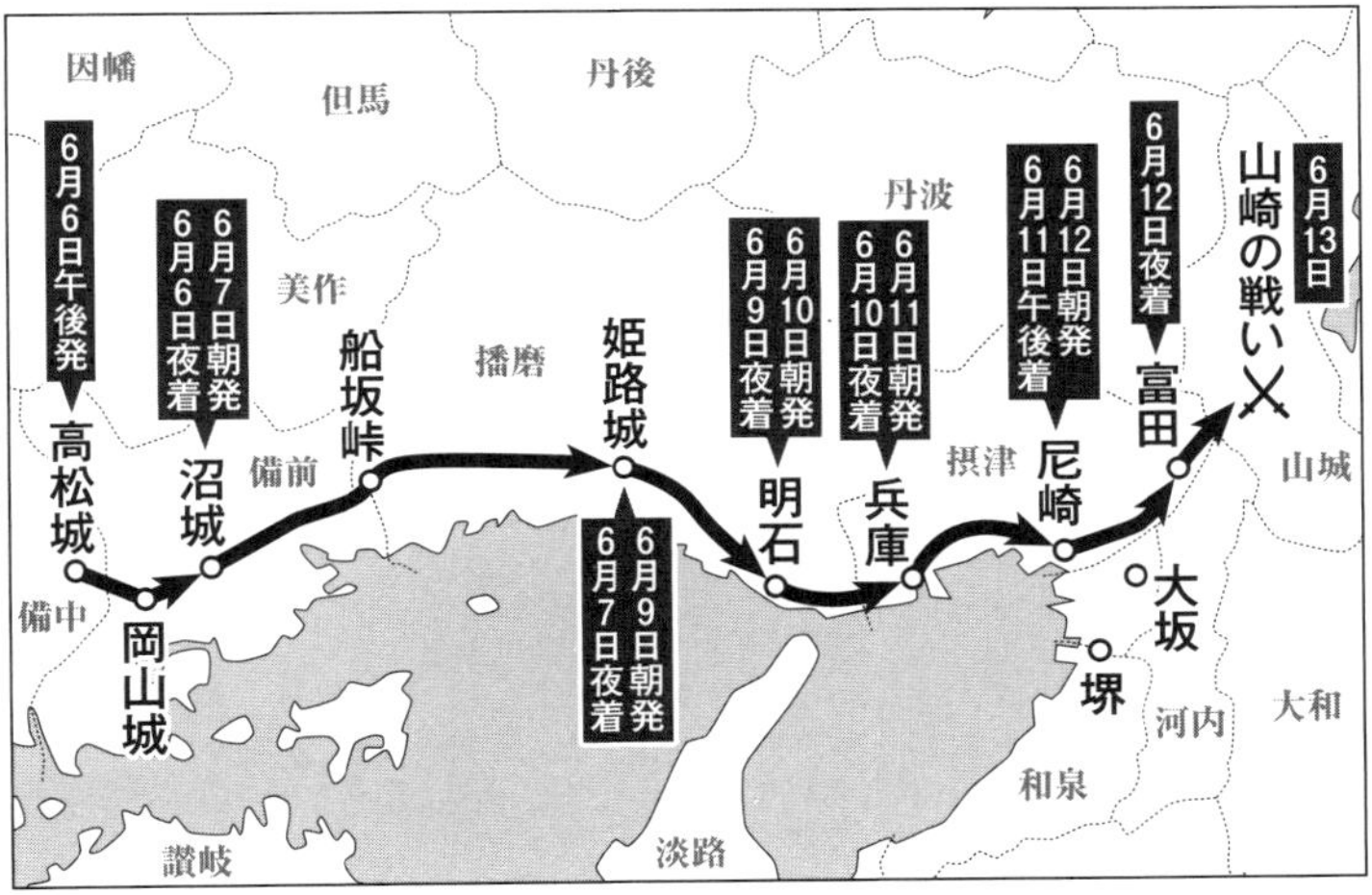

毛利方の将である清水宗治の自刃を見届けたのち、秀吉は即座に撤退を開始した。途中の日時については史料によって多少の違いはあるものの、天正10年（1582）6月6日に備中高松を出発した秀吉軍が13日に山崎に達したという史実に違いはない。

水軍勢力を経由して、毛利は翌日その情報を知った。陸は封鎖していても海は自由に航行できたからだ。

「軍師」黒田官兵衛《くろだかんべえ》のアドバイスもあったに違いないが、秀吉は決断した。「信長の死を秘したまま、ただちに和議をまとめ、全速力で引き返して光秀を討つ」である。幸いにも秀吉には安国寺《あんこくじ》の僧恵瓊《えけい》という「持ち駒《ごま》」があった。この時、和平交渉がストップしていたのは、秀吉側が高松城主清水宗治《しみずむねはる》の切腹を求めた（そうすれば城を落としたことになる）のに対し、毛利側が「死なせるわけにはいかない」と拒否していたからだ。恵瓊は秀吉の意を受けて宗治に単独で会い「あなたが切腹してくれれば、すべて丸く収まる」と説得した。宗治はこれに応じ、高松城を舟で出て、水上で切腹した。秀吉はこれを見届けて陣を払った。本能寺の変で信長が死んだのが6月2日未明で、そのことを秀吉が知ったのが翌3日の深夜、そこから和平工作に入り、宗治が切腹したのが4日の未《ひつじ》の刻、すなわち午後3時頃だった。そして、毛利側が信長の死を知ったのは、それから2時間後の午後5時頃だった。この2時間の差が、秀吉という男の持つ強運かもしれない。

強運といえばもう一つある。信長の死を知り「だまされた」とわかった毛利軍が秀吉を追撃しなかったことだ。大将毛利輝元を補佐する吉川元春《きっかわもとはる》（毛利元就《もとなり》の次男）は断固追撃すべしと主張したが、実弟の小早川隆景《こばやかわたかかげ》（元就3男）が反対したのである。これこそまさに「少し待って様子を見よう」であった。

秀吉は当時本拠地であった姫路城《ひめじ》を目指した。そして昼夜兼行で城に入ったあとは、兵に休息をとらせ、6月9日姫路を出撃した。家来たちに貯《たくわ》えていた金銀を惜しみなく与え、本来なら残すべき姫路城の留守番の兵もすべて引き連れてだ。言わば有り金残らず賭《か》けたのだ。そして駆けに駆けて12日には富田《とんだ》に入り、13日午後京の近郊山崎天王山《やまざきてんのうざん》で光秀軍を撃破した。まさに神速といえるスピードであった。

勝敗を分けたものは？

賤ヶ岳の戦いの勝敗を分けたのは、柴田《しばた》方の佐久間盛政《さくまもりまさ》という猪武者《いのしし》が、大将の柴田勝家《かついえ》の命令を聞かずに突出したところを、秀吉《ひでよし》が素早い電撃作戦で討ったからということになっている。

実はこの「定説」の出典は何かといえば、有名な小瀬甫庵《おぜほあん》の『太閤記《たいこうき》』（他の『太閤記』と区別するために『甫庵太閤記』ともいう）である。

『太閤記』には「玄番《げんば》（盛政）勝《かち》に乗《のっ》て聞《きき》も入《いれ》ず。勝家老してはやく〳〵分別も相違せりとて、下知《げち》をも用ゐず（大将の勝家がここはいったん引いて陣を固めるべきだと命令したのに、緒戦の勝利におごった盛政は『勝家殿も年をとったものだ。その判断は間違っている』）と命令に従わなかった（その結果敗れた）」と書いてある。

問題はこの『太閤記』が信頼できる史料かということだ。私は「史料」の同時代性つまり実際に事件を見聞した人間が書いた史料か、ということだけでなく、その周辺の「常識」での判断を重視する。これは歴史学界の先生方はあまりおやりにならないことだが、私はそういう「常識」で判断すれば「負けたのは佐久間盛政の責任」という定説は、誤りであると思っている。

その理由は、この『太閤記』をまとめた時点で、小瀬甫庵は加賀前田家《かがまえだ》に仕えていたからだ。昔は出版社は無いので、何か大きな作品を書く場合はスポンサーが必要だった。そして、甫庵のスポンサーは前田利家《としいえ》の子孫である前田家であったのだ。しかも、父と同じく医者となった甫庵の息子も、加賀前田家が典医《てんい》として採用してくれた。つまり、昔風にいえば、甫庵は「前田家には足を向けて寝られない」ほどの恩をこうむっているのだ。

そして、甫庵の書いた『太閤記』が前田家の「ス

戦いの概要

天正《てんしょう》10年（1582）6月の山崎《やまざき》の戦いで明智光秀《あけちみつひで》を破った羽柴《はしば》（豊臣《とよとみ》）秀吉《ひでよし》は、その戦功を背景に、織田信長《おだのぶなが》亡きあとの政局の主導権を握った。秀吉の独走を懸念した織田家重臣の柴田勝家《しばたかついえ》は、諸将と連携し、秀吉包囲網を構築する。

同年12月、勝家の領国越前《えちぜん》（福井県）が雪に閉ざされる時期を見計らい、秀吉は兵を進める。もはや猶予はならないと悟った勝家は、翌年3月、雪解けを待たずに出陣、両雄は近江《おうみ》（滋賀県）北部の賤ケ《しずが》岳《たけ》周辺で対峙《たいじ》する。佐久間盛政《さくまもりまさ》による果敢な攻勢などもあって、柴田軍は一時、秀吉方の陣中深く攻め込む。しかし、前田利《まえだとし》家《いえ》の突然の戦線離脱もあり、柴田軍はついに壊滅。北庄《きたのしょう》に退いた勝家は、妻お市《いち》の方《かた》とともに自害して果てた。

ポンサー付」である証拠もある。それは『太閤記』の第4巻に、まったく前後の脈絡と関係なく、「前田利家の末森城《すえもり》の後巻《うしろまき》*」の話が書いてあることだ。これは利家が佐々成政《さっさなりまさ》との戦いで、成政の鼻を見事《みごと》に明かしたものである。利家もこれが生涯の自慢だったと伝えられているが、日本史全体から見れば一つの局地戦に過ぎず、『太閤記』に書くほどの話ではない。つまり、これは甫庵の「サービス」というわけだ。

さて、では前田家がスポンサーだとするとどこに問題があるのか？　もう、おわかりかもしれない。この賤ヶ岳の戦いには他ならぬ前田利家も出陣しており、なおかつ別の史料では、「戦いの最中に利家が勝手に戦線を離脱してしまった」とあることだ。「戦線離脱」ということは「裏切り」に近い。

関ヶ原《せきがはら》の戦いにおける小早川秀秋《こばやかわひであき》のように、それまでの味方に突然襲いかかったわけでもないし、また利家は勝家の家臣というよりは同僚だから、自分の身の振り方は自分で決めてもいい。だから「裏切り」は言い過ぎかもしれない。しかし、両軍ががっぷり四つに組んでいるところに、有力部隊がすっと抜けてしまえば、これは総崩れの原因にはなるだろう。

そうなのだ。私は柴田勝家が負けたのは、前田利家の責任だと思うのだ。

こういう史料を見る一つのポイントに「その子孫が生き残って大名になったか？」がある。

＊城を包囲している敵の背後から攻めること。

「賤ヶ岳の戦い」（天正11年〈1583〉4月20日の柴田軍の動き）

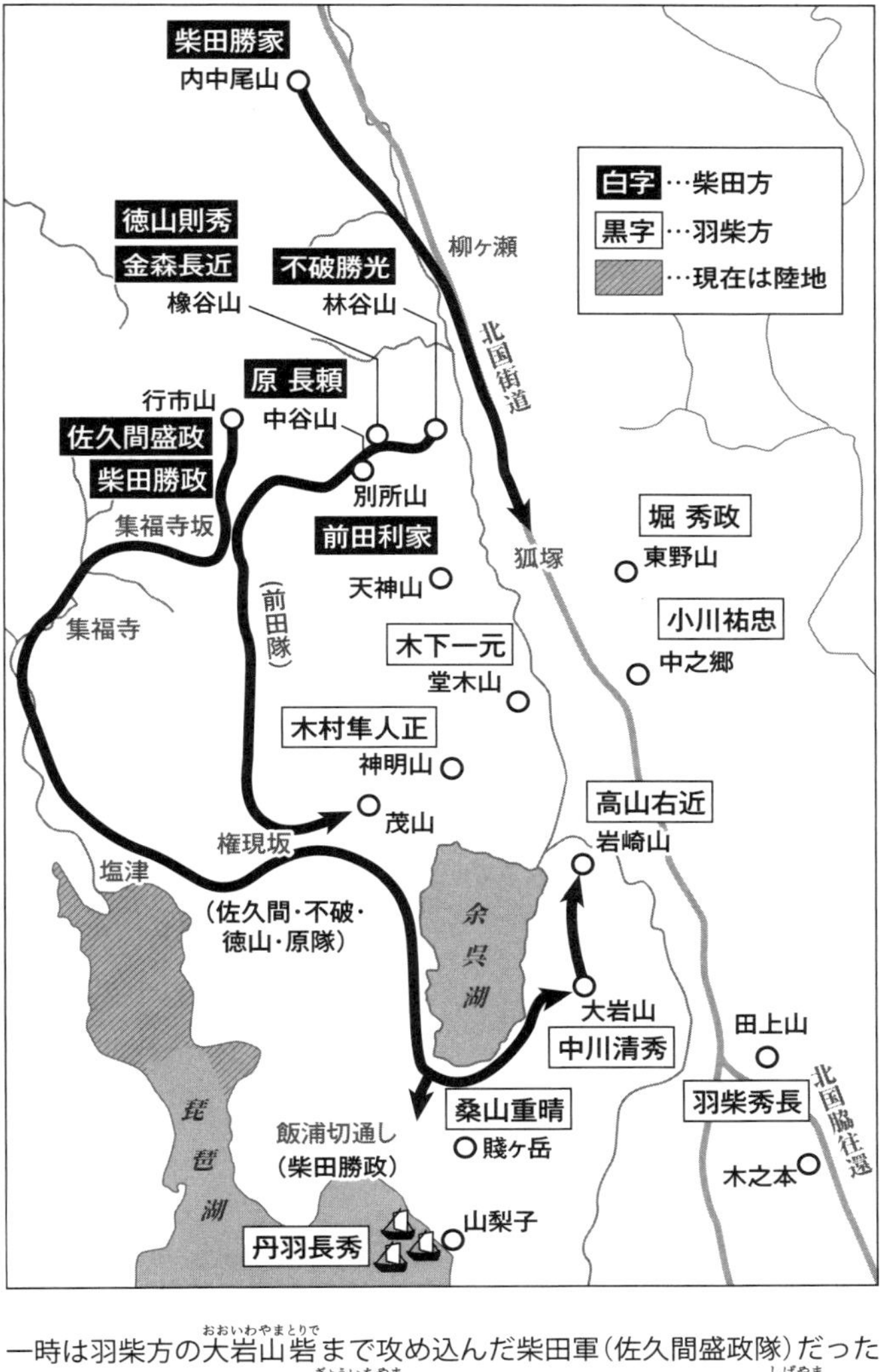

一時は羽柴方の大岩山砦《おおいわやまとりで》まで攻め込んだ柴田軍（佐久間盛政隊）だったが、羽柴軍の反撃にあい、行市山《ぎょういちやま》に向けて撤退を開始。この時、茂山《しげやま》にいた前田隊が突然戦線を離脱したことで柴田軍は一気に形勢不利となった。

もちろん、柴田勝家も佐久間盛政も、そうならなかった。勝家は自害し、盛政も処刑された。つまり「死人に口なし」ということだ。大名になった子孫もいないのだから、悪口の言い放題ということである。

もう一度、『太閤記』の、この「定説」になったところを読み直して頂きたい。これは何を言っているのか?

「佐久間盛政はイノシシのような分別のないバカ」であり、「柴田勝家はそのバカを押さえられなかった力不足の大将」ということだ。しかし、いくらおとしめようと、子孫が大名になっていないのだから抗議はこない。甫庵はそう書いて利家の責任をごまかし、前田家の恩に報いたのだろう。

では、お前は甫庵が「曲筆」をしたと主張するのか、と言われれば「その通りだ」と答えよう。しかし、甫庵を現代のジャーナリストや歴史家と同列に論じるのは、やはり問題がある。

彼は前田家の「家臣」なのであって、それであるがゆえに主家の恥になることは書けない。それが文官の忠義というものである。だから現代に生きる我々は、「曲筆」を非難するよりは、そうした制約の下に書かれている「史書」だという前提の下に見るべきなのだ。

なぜ「裏切り」とまで言えないのかということが、少しわかりにくかったかもしれないので、もう少し詳しく言おう。現代風に言えば、勝家は「織田《おだ》ホールディングス」の中の北陸支社の支社長だ。そして利家は本社から出向で来た支社付の部長なのである。この意味で「同僚」といったのだ。しかし、いくらそういう関係だとはいえ、一応出陣してきたのだから、戦争の最中には自分の役割を果たさなければならない。しかし、突然の「職場放棄」である。「裏切り」とまでは言えなくても、総崩れになり戦に負けたことについて道義的責任はある。しかし、それも甫庵の立場では書けないのである。それが当時の常識だったはずで、やはり私は勝家の敗戦の原因は、「盛政でも勝家自身でもなく、前田利家にあった」と断じたい。

「人たらしの魔術師」豊臣秀吉《とよとみひでよし》

歴史はすべて「結果」である。「実現したこと」だ。だから人間は「結果は初めから決まっていたのだ」と思いがちだ。

しかし、人間も小学生ならともかく中学生以上になれば、物事が最初から上手《うま》くいくことなど滅多《めった》になく、常に「結果など読めない」のが人生というものだと気づく。また中学生ならともかく高校生以上になれば、「よくあんなことが成功したものだ」などという経験がひとつぐらいはあるだろう。たとえば、絶対勝てないと思っていたチームに勝てた、とか。絶対合格しないと思っていた試験に合格した、とか。もし、そういう経験があったら、その時のことを思い出してほしい。周囲の人間は何と言っていたか?

それが歴史を正しく捉《とら》える最善の手法なのである。そこで初めて本当の歴史が見えてくる。

そういう視点で、「小牧・長久手の戦いは織田信《おだのぶ》雄《かつ》が同盟者の徳川家康《とくがわいえやす》に無断で、豊臣（当時は羽《は》柴《しば》だが豊臣で通す）秀吉と単独講和して終わった」という歴史（結果）を見てほしい。

これは本来「有り得ないこと」である。そのことが理解していただけるだろうか？

織田信雄は何のために徳川家康と同盟を組み、秀吉と戦ったのか？

それは、秀吉が織田家を滅ぼそうとしていると、信雄が考えたからだろう。信雄は初めはライバルの異母弟織田信孝《のぶたか》を排除するために秀吉と手を組んでいたが、そのうちに自分の身も危ない、秀吉の次の標的は自分だと気付き、秀吉に対抗しうる唯一の大名といってもいい徳川家康に同盟を求めた。

これは、この時点で最善の判断である。

戦いの概要

織田信長《おだのぶなが》亡きあと、次代の天下人の地位をうかがう羽柴《はしば》（豊臣《とよとみ》）秀吉《ひでよし》の動きに対し、信長の次男織田信雄《のぶかつ》と信長の盟友徳《とく》川家康《がわいえやす》は、警戒を深めていた。こうした中、信雄は、天正《てんしょう》12年（1584）3月6日、ついに秀吉に対し宣戦布告する。これに呼応した家康も、兵を率いて出陣。尾張《おわり》（愛知県東部）北部の小牧山《こまきやま》城を拠点として秀吉と対峙《たいじ》する。

膠着《こうちゃく》状態の中、秀吉軍の別働隊がひそかに家康の本国三河《みかわ》を攻撃しようとはかるが、信雄・家康連合軍に見破られ、長久《ながく》手《て》で大敗を喫した。その後、両軍にらみ合いが続いたが、秀吉の巧みな外交手腕によって信雄が秀吉との単独講和に応じると、信雄に加勢する大義名分を失った家康も三河へと帰国。戦いは終わった。

そして、家康は期待に応え、見事《みごと》初戦で秀吉軍を打ち破った。

繰り返すが信雄は「自分も殺される」と思ったからこそ、立ち上がったのである。秀吉は自分を殺そうとしている男だ、ということだ。

ここで読者の皆さんに質問をしたい。

「あなたは自分を殺そうとしている男と和解しますか？」と。

しかも、絶体絶命だったというわけではない。秀吉は確かに信雄の領地を攻め、いくらかの戦果は挙げてはいたが、頼もしい味方である徳川軍は健在だし、援助を求めることもできる。にもかかわらず、講和した。

ということは、前記の質問を女性にするとしたらこうなる。

「あなたは、自分を絶対に守ってくれるカレを捨てて、自分を殺そうとしている男と仲直りしますか？」

「有り得ない話」といった意味がおわかりいただけただろうか？

状況は変わっていないのである。「殺す動機」が消えたから「仲直り」する、これならわかる。しかし、秀吉の「天下取り」つまり「織田家つぶし」は、誰が見ても変わっていない。

秀吉がそれを撤回し、これからは織田家の忠臣となるとは、誰も考えていないのである。

それなのに信雄は秀吉と講和を結んだのである。

いったい、なぜ？

当時の人々は、そんな講和が成立するとは夢にも思っていなかったはずだ。しかし、「結果」としてそれは成立した。だから多くの人々は、専門の歴史学者を含めて、「あたり前のことがあたり前に成立した」と思っている。

しかし、それは完全な歴史認識の誤りで、当時の人々は「成立」どころか、そんな「交渉」が実行に移されることすら有り得ない、と思っていたはずなのである。

もちろん、のちに謀略の名人となる徳川家康もそうだ。単独講和ができたということは、その当時、信雄の周辺に家康の家臣が一人もいなかったことを示している。もしいれば、当然止めただろうし、そういう交渉が行なわれているということも家康の耳に入ったはずだ。だが実際には「寝耳《ねみみ》に水」だった。ということは、あの家康ですらまさかそんなことが行なわれようとは夢にも思っていなかった、ということになる。

「それは絶対に不可能だ」ということを実現してしまう人間を、われわれは天才と呼ぶ。誰もがルートとして有り得ないと思っていた道を使って、源義経《みなもとのよしつね》は一《いち》の谷《たに》、屋島《やしま》の急襲を成功させた。だから彼も天才だが、それは戦闘技術においてである。

秀吉は違う。誰もが「そんな交渉は不可能だ」と思うことを実現させてしまう能力、これが秀吉の天才性の秘密なのである。

明治時代、『近世日本国民史』を書いた歴史家徳富蘇峰《とくとみそほう》は、その中で「秀吉は古今《ここん》に比類なき人間学の大博士《だいはかせ》であった（中略）、信長は人を畏服《いふく》せしめた。秀吉は人を悦服せしめた。如何《いか》なる悪党でも、如何なる君子《くんし》でも、如何なる策士でも、智者でも、一たび秀吉に接触すれば、何《いず》れも催眠術《さいみんじゅつ》にかかったも同様であった」と評している。

確かに、信雄は智者というより愚者《ぐしゃ》、どちらかといえばバカ殿《との》だったとは思うが、しかし家康を同盟者に選ぶという最善の選択ができる能力はある。だが、秀吉にかかっては「有り得ない」「絶対にやってはいけない」ことをやらされてしまった。これで織田家は完全に天下人《てんかびと》の座を失ったのである。当時の人々は、この能力を持つ秀吉のことを「人たらしの名人」と呼んだ。

清正《きよまさ》、行長《ゆきなが》そして秀吉《ひでよし》、徳川家康《とくがわいえやす》それぞれの思惑

「その時代の人間の気分で考える」

実はこれが歴史を正確に見る、重大なコツの一つである。だが、私がそれを強調するのは、この歴史を解釈する上での「鉄則」というべきものが、日本史ほど無視されているケースはないからだ。歴史学とは「人間学」であり「心理学」であるはずなのに、まったくその点に対する配慮がない。

たとえば秀吉の「唐入《からい》り（朝鮮出兵）」は多くの人々の反対を押し切った暴挙だ、という評価が定着している。もちろん「侵略戦争」は道義的に大きな問題があることは事実だ。しかし、それを言うなら国内平定戦だって、そうではないか。今でこそ「内戦」と評価されているが、昔は「尾張国《おわり》」あり「相模国《さがみ》」ありで、同じ「日本国」という意識は希薄だった。武力で天下が統一されたからこそ「日本国」という再認識が生まれたのである。秀吉

にとっては、九州攻めと朝鮮攻めは同じカテゴリーだったはずだ。また多くの人々が「反対だった」というのも誤りだと私は思っている。戦争というものは勝てばいいが、負けた時は必ず「誤り」だった、ということになる。そして、多くの人々が「実は私も反対だったんだよ」と言い出し、戦争前に「必ず勝つ」などと言っていた者は口をつぐみ、自分が開戦論者であった証拠（日記や書状）を始末する。つまり、後世には「この戦争はやめた方がいい」という、開戦当時の世論とはまったく違う「少数派の史料」が残る。これが「心理学」である。それを配慮せずに、現代に残されている史料だけを馬鹿正直に解析すれば「当時の人々は当初から開戦に反対だった」という歴史上の事実とは正反対の結論が出る。そもそも「開戦派」の勢いが「反対派」の勢いを上回らなければ戦争など出来っこない。いくら独裁者豊臣《とよとみ》秀吉が「言うことを聞かねば死刑にするぞ」と叫んだところで、「多くの人々」が絶対反対なら「殿《との》、御乱心《ごらんしん》」ということになるはずではないか。

これが人間界の「常識」というものだ。

当時は、明らかに「開戦派」の方が優勢であった。なぜか？　もしここで戦争が終われば、足軽《あしがる》は解雇され職を失う。中級武士もこれ以上の出世は望めない。しかし、豊臣秀吉という男は足軽からでも天下人になれることを示した。だから、誰《だれ》もが「オレも秀吉公のようになりたい、いやせめて大名くらいにはなりたいものだ」と思う。そのための絶対条件が一つある。「戦争がこれからも続く」ということだ。

逆に秀吉が「もう戦争は終わりだ」と宣言したら、どうなるか？ それはこれから大リストラが行なわれるということでもあり、「もう誰も秀吉にはなれない」ということでもある。そうなれば大反乱が起こって、それこそ豊臣政権は終わりになる。だから、アレクサンドロス大王もジンギスカンも戦争がやめられなかったのだ。これが世界史の「常識」だ。

もっとも、小西《こにし》行長や石田三成《いしだみつなり》などは「もうこれで充分だ」と思っていただろう。彼等は「勝ち組」であり「持てる者」だ。これ以上無理する必要はない。このあたり、大名にはなったが、父や兄を戦場で敵に討ち取られた池田輝政《いけだてるまさ》あたりもそう思っていただろう。そういう「字の書ける」人々は確かに「この戦争には反対だ」という文書を戦

戦いの概要

天下統一事業を推し進める豊臣秀吉《とよとみひでよし》は、天正《てんしょう》18年（1590）には九州から奥羽までを服属させ、戦乱の世を終わらせた。しかし秀吉の野望は、日本列島の征服のみにとどまらなかった。

文禄《ぶんろく》1年（1592）4月12日、明国《みんこく》に入るための道筋提供を拒否した朝鮮に向け、小西行長《こにしゆきなが》らを先陣とした軍船が対馬《つしま》を発し、足かけ6年、二度にわたる朝鮮出兵が開始された。秀吉の死とともに朝鮮出兵は終わりを告げ、なんら得るものもないまま諸大名は撤兵する。だが、長い戦役は、朝鮮半島に深い傷跡を残すことになった。さらに、朝鮮出兵をめぐる武将間の対立は豊臣政権の弱体化を招き、やがて関ケ原《せきがはら》の戦いを引き起こすことにつながってゆくのである。

いの当初から残したかもしれない。しかし、それは日本人全体の「世論」を代表するものであったかどうかは、「常識」でわかるだろう。「大名」と名のつく者は当時は３００人程度しかいないが、武将や足軽は合わせれば数十万人いるのである。「３００」のしかも無作為抽出《ちゅうしゅつ》ではない特殊な「サンプル」で、全体の傾向を測ることが科学として正しいかどうか。これも「常識」の問題だ。

それどころか大名の中にも「もっと領地を！」という男たちも少なからずいた。その代表選手が加藤《かとう》清正である。清正がオランカイまで突出したのも、大陸で１００万石の大名になるのを夢見ていたからだ。

一方、この遠征に参加しなかった徳川家康のことを、「さすが家康、天下を取る男は違う。この時、自重しておいたことが天下取りにつながった」と高く評価する向きがある。実は、江戸時代の史料でも、そういう視点で書かれたものが多い。

だが、私に言わせれば、それはとんでもない勘違いなのである。

戦争とは勝つつもりでするものだ。西南《せいなん》戦争における西郷隆盛《さいごうたかもり》（P.193参照）のような例外もあるが、それは極めて少数である。つまり、結果は「惨敗」だったが、それはまさに結果論で、秀吉も勝つつもりであったことは明白だ。では、勝っていたら、つまり朝鮮半島のみならず中国大陸も征服できたら、先鋒《せんぽう》の清正、行長はどうなるか？　間違いなく１

文禄の役 加藤清正推定進軍図

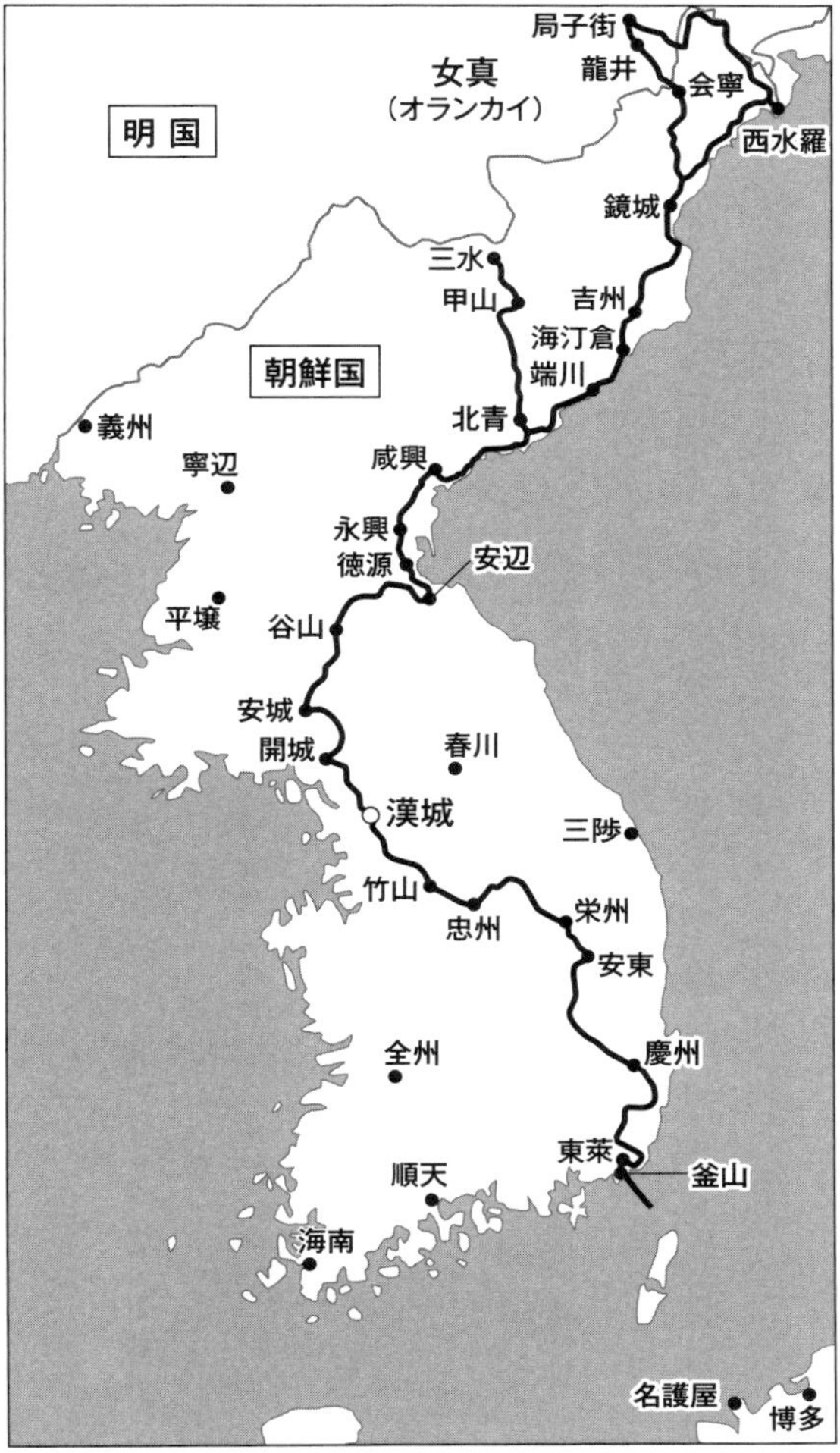

特別企画展図録「文禄・慶長の役」（佐賀県立名護屋城博物館）をもとに作成。

文禄1年（1592）4月17日、加藤清正は釜山《プサン》に上陸。5月3日には漢城《ハンソン》に入った。清正はさらに北上を続け、7月17日、海《ヘ》汀倉《ジョンチャン》で待ちかまえていた朝鮮王朝軍と激突し、勝利する。さらに、女真人が治めるオランカイへと越境を試みている。

００万石以上の大大名になったろう。この時点では両者とも25万石前後に過ぎないが、勝てば10倍の２５０万石だって夢ではない。また、兵站《へいたん》*担当司令官であった石田三成も、悪くても１００万石はもらえるはずだ。しかし、家康はもらえない。彼は出陣していないのだから。この戦い以前の家康の地位は、石高《こくだか》２５０万石で豊臣家の筆頭大名である。しかし、この戦いが勝利に終われば、家康は「何人もいる１００万石大名の一人」に転落する。しかも清正、行長が家康と同じ石高になる。そうなれば、関ヶ原《せきがはら》の戦いなどとても起こせなかっただろう。豊臣政権は安泰である。つまり、家康は「参加しなかった」のではない、「参加させてもらえなかった」のだ。

秀吉はあくまで勝つと思っていた。

これが「当時の人の気分で考える」ということである。

*戦場の後方にあって軍需物資等の補給・確保に当たる機関。

第四章　戦国時代

其の4

家康・薄氷を踏む戦い

徳川《とくがわ》に二度勝った男——真田昌幸《さなだまさゆき》

徳川家康《いえやす》は「岡崎三郎信康《おかざきさぶろうのぶやす》切腹事件」以後は謀略を重視し、服部半蔵《はっとりはんぞう》を長とする「CIA」（アメリカ）ないしは「MI5」（イギリス）の育成につとめたと考えられる（「忍者の正体」P.238参照）。その成果が出たのが「小牧《こまき》・長久手《ながくて》の戦い」であり、常に秀吉《ひでよし》軍の先手を取り裏をかき、戦闘面においては徳川軍の圧勝であった。戦場での偵察能力、情報収集能力は抜群で、家康は戦闘では秀吉に負けていない。外交で敗れたのである。

ところが、その徳川軍が、小牧・長久手の戦いの後に、その得意の戦闘において、同じ武将に二度も手痛い敗北を喫した。

それが、上田合戦（第1次と第2次がある）の主役、真田昌幸なのである。

合戦の背景、経緯については左の「戦いの概要」を見て頂くとして、まず第1次合戦においてて昌幸はたった2000人の手勢で7000人にも及ぶ徳川軍を撃退したのである。

有名なエピソードだが、この時、昌幸は徳川軍を挑発するために、謡曲《ようきょく》「高砂《たかさご》」を歌ったという。時代劇で結婚式のシーンによく登場する「高砂やこの浦舟《うらふね》に帆を上げて――」というやつだ。戦いを始めようという時に、このような間のびした歌を聞かされたら、頭にかっと血が昇るのも無理はない。

例によって、こうしたエピソードはあまりに「小説的」だとして、頭から否定する向きもある。あとから編集された史料、それも真田家側の史料にしか無いという否定の仕方もある。

確かに、第1次上田合戦の真田側の死者の数は少な過ぎるような気もする。こうしたことは、たとえ同時代の当事者の書いた史料でも信頼できないことがある。言うまでもなく味方が何人戦死した（兵力が低下した）ということは基本的には軍

戦いの概要

信濃国《しなの》（長野県）小県郡《ちいさがたぐん》真田郷《さなだごう》から発祥した真田一族は、天正《てんしょう》10年（1582）、昌幸《まさゆき》の代に主家の武田《たけだ》家が滅亡すると、自立への道を模索し始める。

昌幸は本拠の小県と上野国《こうずけ》（群馬県）沼《ぬま》田《た》領の支配権を守るため、天正13年、徳川《とくがわ》家康《いえやす》と対決。昌幸は少数の兵で徳川の大軍を上田《うえだ》城に迎え撃ち、見事これを撃退した（第1次上田合戦）。

つづく慶長《けいちょう》5年（1600）、石田三成《いしだみつなり》挙兵の知らせを受けた昌幸は、次男信繁《のぶしげ》（幸村《ゆきむら》）とともに西軍に味方することを決意。上田城に拠《よ》る昌幸は、攻め寄せた徳川秀《ひで》忠《ただ》率いる大軍を翻弄《ほんろう》し、関ケ原《せきがはら》の戦いに遅参させるという大戦果を挙げた（第2次上田合戦）。西軍は敗れたものの、真田の勇名は天下に知れ渡った。

事機密であって、「敵の損害は過大に言い、味方の損害は過小に言う」のが戦争の常識だ。太平洋戦争でも日本海軍は盛んにこれをやっていた。

しかし、いずれにせよ、昌幸が寡兵《かへい》（少数の兵）をもって徳川の大軍を破ったのは事実だ。これは言うまでもなく大変なことであり、それを可能にするためにはあらゆる手段が講じられたはずだ。

「のんびりした歌を歌って敵を挑発する」などということは、いかにも「曲者《くせもの》」の昌幸がやりそうなことではないか。とにかく、まともな手段を取っては勝負にならないのだ。真田側は兵も少なく物資も少なかった。徳川に対して優《まさ》っているのは知恵だけである。

だから、私は昌幸がこの手を使った可能性はかなり高いと思っている。なにしろ歌は「無料《タダ》」である。これ以上安上がりな戦法はない。

第2次上田合戦はさらにすごい。

何しろ3万8000の軍勢をわずか2500人で数日間釘付《くぎづ》けにしたのだから。

この、徳川秀忠《ひでただ》（家康の三男、次期将軍に予定されていた）率いる大軍は、これまでは「別働隊」と言われていた。つまり東海道を進んだ家康率いる大軍の方が「本隊」というわけだ。

ところが、『関ヶ原合戦《せきがはらかっせん》』（講談社刊）の著者の歴史学者笠谷和比古《かさやかずひこ》氏によると、実はこの秀忠軍こそ、徳川譜代の家臣を中心とした本隊であり、家康軍の方は有力な旗本はいるも

第2次上田合戦と関ヶ原合戦の進軍図

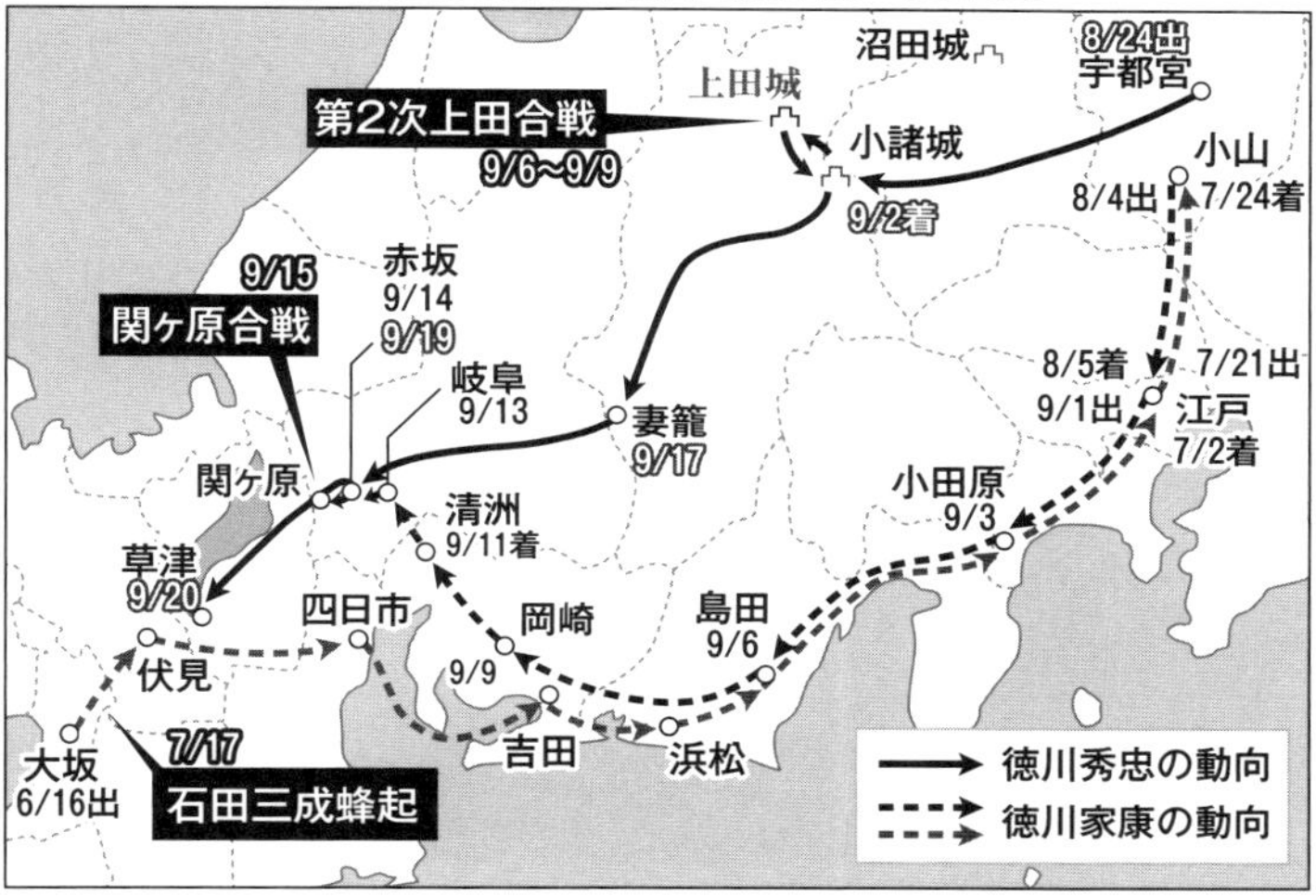

慶長5年（1600）8月24日、徳川秀忠率いる38,000の軍勢は、一路西へと向かう。途中、真田昌幸の守る上田城を攻撃するが、昌幸の巧みな戦術に翻弄《ほんろう》され、おびただしい損害をこうむった。上田城攻略をあきらめた秀忠は、中山道を西へと急ぐが、関ヶ原の合戦前夜には、いまだ信濃の山中にあった。

のの、他の大名との混成軍であったというのだ。では、なぜ秀忠の方が本隊だったかといえば、秀忠という人は政治はともかく戦争はまったくダメだったので、家康は徳川の天下を決定することになる戦いの「総司令官」を秀忠にし、そのことによって輝かしい「戦歴《キャリア》」をつけてやろうと思ったのではないかと考えられる。

ところが、この親心が完全に裏目に出た。なんと秀忠は昌幸の挑発にのって、まんまと上田城へ釘付けにされてしまったのである。

真田軍は徳川軍の10分の1以下の人数であるから、力で止めようとしても絶対に無理だ。城に籠《こ》もって、それを徳川軍に攻めさせる形にしなければ釘付けには出来ない。

しかし、大局的見地から言えば、上田城などはどうでもいい。秀忠軍は関ヶ原で西軍と戦う東軍の本隊である。人数も最大だ（家康軍は約3万人）。これが参戦するかしないかで勝敗を分けるかもしれない。逆に言えば、関ヶ原さえ勝てば、上田城など無理に落とさなくても、どうにでもなる（実際、関ヶ原の戦いの敗北後、昌幸は開城せざるを得なかった）。だから、やるべきことは唯一《ただ》つ、こんな「小城」などは放っておいて、ただちに西へ向かうことだ。

昌幸は、それをさせなかったのである。見事なものではないか。よほど、「挑発」が上手だったのだろう。秀忠はついに関ヶ原に「遅刻」した。家康は激怒し、対面すら許さなかったという。それは当然だろう。小早川秀秋《こばやかわひであき》が裏切ったからいいようなものの、東軍は「本隊抜き」で戦わねばいけなかったのだから。家康は多分、「徳川に勝ったといっても、わしとは直接戦っておらぬではないか」と思っていただろうが、昌幸の息子幸村《ゆきむら》（信繁《のぶしげ》）は、大坂夏の陣で家康軍をあと一歩のところまで追い詰めた。おそらく、この陰には、服部半蔵「ＣＩＡ」に対抗できる「真田忍群」がいた。猿飛佐助《さるとびさすけ》・霧隠才蔵《きりがくれさいぞう》は架空の存在でも、モデルになるような人物はいたのではないかと思われるのである。

一日で決着がついた天下分け目の大合戦

天下分け目の決戦「関ヶ原の戦い」はあまりにも有名だ。しかし、この合戦の最大の注目点は、これほどの合戦が実はたった一日で終わってしまったことなのである。

それは多くの人にとって意外なことであった。このドサクサにまぎれて天下を奪おうと考えていた豊臣秀吉《とよとみひでよし》の「軍師」黒田如水《くろだじょすい》（官兵衛《かんべえ》）ですら、戦いは数ヶ月続くと見ていた。秀吉が生前「あの男に多くの領地をやったら天下を奪われる」と警戒していたほどの「物の見える男」が、そう考えていたのである。

それなのになぜ一日で終わってしまったのか？ なにしろ天下を二分した、日本歴史上始まって以来の戦いだ。前哨戦《ぜんしょうせん》にあたるもの（伏見《ふしみ》城攻防戦など）ですら各地であり、一日では片がつかなかった。まして両軍が総力を上げての決戦なのだから、もう少し長く続いても何の不思議もなかった。西軍は関ヶ原では総崩れとなったが、総大将毛利輝元《もうりてるもと》は豊臣秀頼《ひでより》を擁して天下の名城大坂城《おおさか》に無傷のままいたし、無傷といえば石田三成《いしだみつなり》の居城佐和山城《さわやま》もそうだ。城攻めには時間がかかるし、仮に毛利輝元が大坂城を出撃してきたとしても、第2次、第3次の関ヶ原の戦いはあっても不思議はないはずである。しかし、終わってしまった。

この理由は、この戦いは実は合戦というよりも謀略戦であり、戦う前から家康《いえやす》の大勝利であったからなのである。

そもそも、家康のこの時点での肩書きは「豊臣家大老」である。最初（この時点より3ケ月前）に出陣したのも、会津《あいづ》の上杉景勝《うえすぎかげかつ》が豊臣家に「反乱」を起こしたためであり、家康は「豊臣家大老」として「秀頼様のために」上杉を討つという名目だった。その大義名分に従って出陣したのである。

しかし、家康こそ真の豊臣家の敵と考えた石田

戦いの概要

慶長《けいちょう》5年（1600）6月16日、徳川家康《とくがわいえやす》は、上杉景勝《うえすぎかげかつ》に謀反《むほん》の疑いがあるとして、これを討伐すべく、みずから大軍を率いて景勝の拠《よ》る会津《あいづ》を目指した。途中、小山《おやま》で石田三成《いしだみつなり》の挙兵を知ると、反転して上方《かみがた》へ向かうことを決意する。その後、上方の様子をうかがうべく江戸《えど》にとどまっていた家康だが、同年9月1日、いよいよ上方へ向け兵を進めた。

そして、9月15日、徳川家康率いる東軍と石田三成率いる西軍が、ついに美濃国《みの》（岐阜県）関ヶ原《せきがはら》で相まみえることとなった。戦闘は当初、西軍有利に進んでいたが、家康の謀略で小早川秀秋《こばやかわひであき》ら諸将が寝返ったため、西軍は潰走《かいそう》。戦国史上稀《まれ》に見る合戦は、東軍の圧勝のうちに、わずか一日で幕を閉じた。

三成は、家康が東へ向かった隙《すき》に、もうひとりの大老毛利輝元を口説いて家康打倒の西軍を立ち上げた。同時に、豊臣秀吉の死後、家康がいかに天下を私物化しているか糾弾する文書を天下に公表した。確かに家康には糾弾されても仕方のないような専横なふるまいがあった。秀頼の許可を得ずに大名同士の婚姻を進めたり、勝手に大名に恩賞を与えたりだ。私はこれは三成ら反対派を挑発するために故意にやったと思っているが、とにかく家康が豊臣家に「不忠」であったことは事実だ。ならば、三成がそれを天下に問うた時点で、家康の「上杉征伐」に従軍している大名の中から「家康殿、あなたにはついていけない」という人々が出てきても不思議はない。

ところが、これが見事にひとりも出なかったのだ。家康は西軍挙兵の報を聞くと、ただちに行軍を止め、下野国《しもつけ》（栃木県）小山《おやま》で軍議を開いた。これが有名な小山軍議だが、家康は故秀吉のイトコである福島正則《ふくしままさのり》を味方に引き入れていた。家康にとって幸いなことに正則は三成とは犬猿の仲であった。そこで家康は「三成に勝たせてはお主《ぬし》の立場がなくなるぞ」と腹心の黒田長政《ながまさ》（如水の息子）を使って説得させた。正則にとって唯一の心配は、三成を倒すのはいいが、その後、家康は秀頼様を滅ぼすつもりではないか（歴史上は実際そうなった）ということだ。このあたりも言葉巧みに説得したのだろう。ついに正則もうんと言った。

「関ヶ原の戦い」布陣図

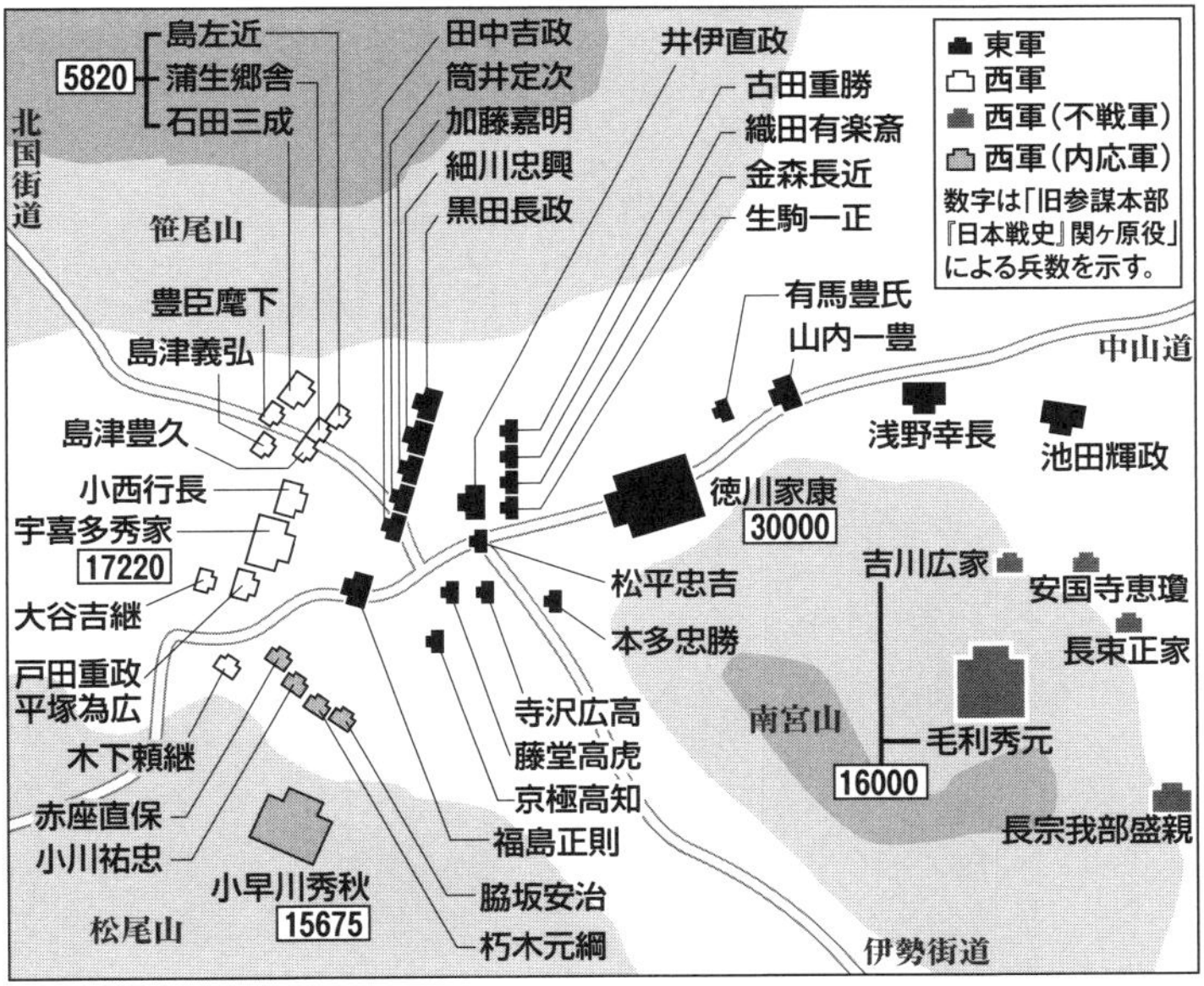

慶長5年（1600）9月15日、東軍の井伊直政《いいなおまさ》および松平忠吉《まつだいらただよし》が、西軍の宇喜多《うきた》秀家《ひでいえ》隊に向けて発砲したことから、戦いの火蓋が切って落とされた。明治時代に陸軍大学校の教官として招かれたドイツのメッケル少佐は、関ヶ原合戦の布陣図を見て、西軍の勝利だと断言したという。それほど西軍有利の陣形だったが、実際の戦闘では、西軍は味方の裏切りもあって、わずか一日で東軍に大敗する結果となった。

会議が開かれた。家康は上方の情勢を隠すことなく正直に伝え、「お主らはどうするか?」と尋ねた。誰《だれ》もが迷うところである。三成は気に食わないが、いま家康に味方すれば豊臣家を滅ぼすことになってしまうのではないかと。二の足を踏む者もいたに違いない。なにしろ、この軍は「豊臣家配下の大名連合軍」なのである。

しかし、そこで打ち合わせ通り正則が立ち、「わしは内府《ないふ》(内大臣家康のこと)殿にお味方する」と野太い声で叫んだ。故秀吉のイトコである正則が味方するなら迷うことはないと、その場にいたすべての大名が家康についていくことになった。

「豊臣連合軍」であったはずのものが、この時点で「徳川家康軍」に変わってしまったのである。まさに謀略の大勝利であった。

家康は、西軍の中核である毛利一族にも手を打っていた。味方を申し出ていた毛利一族の吉川広家《きっかわひろいえ》を使って、西軍の総大将である毛利輝元が大坂城から出て来ないように工作した。家康にとって一番マズイ展開は、秀頼を総大将に押し立てた毛利輝元が全軍で出撃してくることだ。秀頼が出てくれば、多くの大名は戦いをやめてしまう。もちろん情報工作だから詳しいことは不明だが、家康は広家を使って、城を出れば裏切り者が「錦《にしき》の御旗」である秀頼を殺そうとするだろうという情報を流したらしい。これで本軍は大坂城を出られなくなった。

そして、野戦に出た西軍部隊の中でも最大級の小早川秀秋《こばやかわひであき》隊に対し、これも三成に反感を持っている北政所《きたのまんどころ》(おね、秀吉未亡人)のルートを使って裏切りの確約を取り付けていた。だからこそ、関ヶ原は一日で決着したし、その後毛利輝元は家康の「大坂城を出れば本領は安堵《あんど》する」という約束を信じ、「切り札」を置いて出てきたところを90万石近くも領土を削られた。もう一つ思い出してほしい。秀吉が生前最も頼りにしていた前田利家《まえだとしいえ》(この時点では死亡)の息子利長《としなが》も関ヶ原には出陣していないことを。これも家康の謀略によって封じ込められていたのである。

関ヶ原、三成《みつなり》の勝算

石田《いしだ》三成は関ヶ原の戦いにおいて、実質上は総司令官だが、形の上ではコーディネーターであった。プロデューサーと言ってもいい。いわゆる「西軍」の諸将に家康《いえやす》打倒を呼びかけ集めたのも、総大将に毛利輝元《もうりてるもと》を祭り上げたのも、すべて三成が段取りをつけたことだった。

三成はわずか19万4000石の当主、これに対して家康は256万石も持っていて、しかも豊臣《とよとみ》家五大老の筆頭でもある。

だから昔から、この挙兵は無謀であったという批判もある。実際、三成がバックにいたことで、三成嫌いの大名である福島正則《ふくしままさのり》らを刺激し、家康の「東軍」に呼応させてしまったという問題があった。

あくまで結果論で言えば、家康が勝ったことによって豊臣家の力は著しく低下したが、本来豊臣家に味方すべき福島正則、加藤清正《かとうきよまさ》、浅野幸長《あさのよしなが》といった豊臣恩顧《おんこ》の大名が、三成憎しのあまり東軍に走ったことが西軍敗北の大きな理由の一つなのだから、やはり三成が立ち上がるべきではなかったという主張である。

確かに三成が中心人物だったということは、通常なら団結していたはずの豊臣系大名を、二つに分裂させてしまった。では、待てばよかったのか、といえば決してその通りだとも言い切れない。

三成の目から見て、許せなかったことは、前田《まえだ》利家《としいえ》の死後、前田家があっさり「裏切った」ことだろう。家康は利家の子利長《としなが》が「家康暗殺」を企《たくら》んだとして、「前田征伐」の軍を起こそうとした。これに対して前田家は何の抵抗もせずに家康に屈服した。利家未亡人の芳春院《ほうしゅんいん》（俗名まつ）を人質として江戸に差し出したのである。「それはないよ」

戦いの概要

石田三成《いしだみつなり》は、豊臣秀吉《とよとみひでよし》の天下統一事業に、行政面で大きく貢献した。しかし、武功で秀吉を支えた武将たちには、行政家である三成の存在が面白くない。こうして豊臣家臣の間に亀裂が生じていく。

この混乱に目をつけたのが、徳川家康《とくがわいえやす》だった。豊臣政権の中枢を担う「五大老」に就きながら、家康は秀吉没後の徳川政権を見据えていた。家康の本心を見抜いた三成は反感を募らせ、二人の対立は激化する。しかし、家康は老獪《ろうかい》だった。東西のどちらにつくべきかで迷っている諸大名に、巧みに誘いをかけたのである。西軍の総大将になった毛利輝元《もうりてるもと》の一族である吉川広家《きっかわひろいえ》さえ、家康に内通した。また、秀吉の甥《おい》にあたる小早川秀秋《こばやかわひであき》の裏切りは、西軍の敗北を決定づけた。

と三成は思ったはずだ。生前の利家は明らかに家康の天下取りへの野心を許さぬという態度を取っていたし、そもそも利家が豊臣政権下でＮＯ・２の大名に抜擢《ばってき》されたのも、秀吉《ひでよし》が利家を家康の対抗馬にしようとしたからではないか。「前田め、故太閤《たいこう》殿下（秀吉）の御恩を忘れおって」というのが、三成の率直な気持ちであったはずだ。

そして、これに「味をしめた」家康は五大老、いや家康自身そして前田を除く他の三大老（上杉景勝《うえすぎかげかつ》、毛利輝元、宇喜多秀家《うきたひでいえ》）つぶしに出た。まず上杉景勝に「謀反の企て」があるとイチャモンをつけ、景勝に上洛《じょうらく》せよとせまった。要するに、前田と同じように人質を出して屈伏せよということだ。これに対して景勝の家老直江兼続《なおえかねつぐ》が痛烈な返書「直江状」を出したのはよく知られている。「バカなことを言うな」というのがその趣旨だ。これに対し家康は怒り、あるいは「怒ったふり」をして、豊臣家筆頭大老の権威を利用して、「上杉征伐」軍を立ち上げた。これが「東軍」になるわけだが、三成の目から見れば、今立ち上がらなければ有力な味方である上杉もやられてしまう。今しかない、と思ったはずだ。三成は直江兼続とは親しかったようだ。二人の間に「密約」があったかどうかは今一つ明確ではないが、「家康を今のうちに何とかしなければ」という共通の想《おも》いはあったに違いない。三成が立ち上げた「西軍」に五大老のうちの残りの二人、毛利輝元と宇喜多秀家が参加しており、そのうち輝元は総大将まで引き受けたのは、彼等にも、そのうち家康の矛先はこちらへ向う。「今のうちに——」という共通の想いがあったからだろう。

だから、三成がこの時点で立ち上がったのはやはりやむを得なかったと言わざるを得ない。確かに三成が動いたことで、福島・加藤・浅野らは家康側に走ってしまったが、これは三成の責任というよりは、そうせざるを得ないように三成を走らせた、家康の政治的手腕、謀略の勝利というべきだろう。

しかし、三成もやられっぱなしだったわけではない。三成の作戦のうちで、快心の勝利と言えるものは、真田昌幸《さなだまさゆき》を使って徳川秀忠《ひでただ》軍を関ヶ原に間に合わせなかったことだろう。「上田《うえだ》合戦」(P.92)でも述べたように、あの3万8千に近い大軍は徳川軍の本軍だったのである。本軍を関ヶ原に間に合わせなかったのだから大したものだ。直接には真田昌幸・幸村《ゆきむら》(信繁《のぶしげ》)親子の手腕だが、それを選んで作戦を実行させたのは三成だから、これは「プロデューサー」としての三成の功績でもあるのだ。

しかし、逆に、関ヶ原に出陣した実働部隊の中で、最大級の人数を誇り「西軍」の中核部隊でもあったはずの、小早川秀秋《こばやかわひであき》軍に裏切られてしまったのは、三成最大の失敗であった。

面白いことに、三成も家康も敵の最大級の部隊への工作にまんまと成功しているのである。ただし、三成側は敵本軍を足止めしただけだが、家康側は裏切らせた。本来の味方が敵に回ったのだから、プラスマイナスでいえば、マイナスのほうが大きい。だからこの謀略合戦は、家康の勝ちであり、だからこそ関ヶ原も家康の勝利に終わった、と考えるのが妥当な評価であろう。

三成最大の失敗は、関ヶ原で敗れた場合のことを考えておかなかったことだろう。結局、身一つで近江《おうみ》の山中に潜んで摑《つか》まえられてしまうのだが、あらかじめ戦場脱出の手配りをしておけば、佐和山《さわやま》城に逃げ込むなり大坂城に入って再起を期すこともできたはずだ。「関ヶ原の戦い」(P.98)で述べたように、だからこそ黒田如水《くろだじょすい》は「関ヶ原」が一日で終わるとは夢にも思っていなかったのである。

黒田如水伝説は本当か？

黒《くろ》田《だ》如《じょ》水《すい》

黒田如水、本名官兵衛《かんべえ》孝高《よしたか》。竹中半兵衛《たけなかはんべえ》重治《しげはる》と並んで、戦国きっての名軍師といわれる。その生涯は様々《さまざま》な伝説に満ちているが、それが本当なのか、それとも後世に作られた伝説なのか、少し検証してみよう。

本能寺《ほんのうじ》の変報が、羽柴《はしば》（のち豊臣《とよとみ》）秀吉《ひでよし》にもたらされた天正《てんしょう》10年（1582）6月。秀吉は毛利《もうり》攻めの総大将として備中国《びっちゅうのくに》（岡山県西部）にあり、高松《たかまつ》城水攻めの真っ最中であった。その際に、官兵衛もいた。

主君信長《のぶなが》と嫡子信忠《のぶただ》がともに明智光秀《あけちみつひで》の手によって葬られたと知り、茫然自失《ぼうぜんじしつ》する秀吉に、官兵衛はにっこり笑って「運の開く時が来たのでござる」と言ったという。

これは一般に「秀吉が天下人《てんかびと》になる好機が来たのだ」と進言したことになっている。

しかし、本当にそうだろうか？

またしても「その時の人々の気分」で考えてみよう。

秀吉は信長に絶対の忠誠を誓っていた。本能寺の変の黒幕に秀吉の名をあげる人もいるが、これは無理があることは既に述べた（「本能寺の変」P.56）。もし織田家《おだけ》の天下を奪うなら、信長だけでなく信忠も「始末」しなければならない。ところが、信忠が殺されたのは「偶然」であった。だから、秀吉はやはり何も知らなかったとみるのが正しいと思う。だからこそ茫然自失したのだ。秀吉は信長に援軍を要請していた。実は、光秀の軍勢も本来はその第一陣であった。つまり、秀吉の立場から言えば、数万の軍勢が応援に来ると思っていたのに、来ないどころか自分の主君が横死《おうし》してしまった。味方は意欲を失い、敵は勇気百倍する情況に置かれたわけだ。これでは自分の命も危ない。茫然自失も当然だ。

それなのに官兵衛は「今は八方塞《はっぽうふさ》がりのように思えるかもしれないが、これはチャンスだ」と言ったのだから、その先見性は秀吉を超えると言ってもいいかもしれない。官兵衛は「秀吉が天下人になる好機がある」とまで思っていたのだろうか？

それは無い、と私は考えている。

織田家は滅びたわけではない。次男の信雄《のぶかつ》も三男の信孝《のぶたか》も健在だ。この時点ではまだわからなかっただろうが、信長の嫡孫《ちゃくそん》（嫡男信忠の子）の三法師《さんぼうし》も脱出に成功していた。すなわち織田家は安泰である。秀吉がすぐに引き返して、信長の弔《とむら》い合戦をして勝利すれば、秀吉の地位はゆるぎないものになることは間違いなく、それは予想できたと思うが、織田家の天下を奪って秀吉自身が天下人になるというところまでは、いかに天才的な「軍師」でも予想するのは不可能だったのではないか。われわれは歴史という「結果」を知っている。秀吉は、三法師という「カード」を使い、次男信雄と三男信孝を相争《あい》わせて、いわば天才的謀略によって、まんまと天下を乗っ取った。しかし、この時点では、信長も信忠も直前までは健在で、織田政権はずっと続くと考えていた秀吉も、同じく織田政権は続くと考えていた官兵衛も、ともに、そこまで予想するのは無理であろう。

　秀吉は後に述懐している。「官兵衛は、余が窮地《きゅうち》に陥っていた時、しばしばそれを切り抜ける策を献じてくれた」と。この時も、ただちに毛利と講

戦いの概要

　慶長《けいちょう》5年（1600）9月15日、美濃《みの》国（岐阜県南部）関ケ原《せきがはら》で東西両軍が天下分け目の合戦を繰り広げていた頃《ころ》、遠く九州の地でも大規模な合戦が展開されていた。その中心人物が黒田如水《くろだじょすい》（孝高《よしたか》。通称は官兵衛《かんべえ》）である。

　如水は、息子長政《ながまさ》が家康《いえやす》に従軍したため、自身の本拠・豊前中津《ぶぜんなかつ》城（大分県中津市）で留守を預かっていた。この頃、豊後《ぶんご》国（大分県）の旧主である大友義統《おおともよしむね》が毛利《もうり》氏の後押しを受けて帰国し、旧領を回復するため挙兵する。如水はこれを迎え撃ち、大友勢を石垣原《いしがきばる》（別府市）の戦いに破った。如水は戦勝の余勢をかってさらに兵を進め、九州全土を席巻する勢いを示すが、関ヶ原に勝利した家康の命令で、ついに停戦を余儀なくされる。

和し、引き返して信長の仇《かたき》を討つという、いわゆる「中国大返し《ちゅうごくおおがえし》」を献策したのであろう。

しかし、それ以上のことは、いかに官兵衛でも無理だと思う。すなわち、そこの部分は、「伝説」だと私は考えている。

では、もう一つの「伝説」はどうか。

関ヶ原の戦いは徳川家康《とくがわいえやす》の謀略の勝利であった。その謀略を家康の手足となって最も助けたのは、官兵衛の息子黒田長政《ながまさ》であった。長政は「大手柄」をたてたと得意気に帰国し、父官兵衛に報告した。

「内府殿《ないふどの》（家康）は、貴殿の功は忘れぬと、3度まで拙者《せっしゃ》の手をおし頂《いただ》かれました」。

それに対して官兵衛はにこりともせず、「その手は、左であったか、右であったか？」と問うた。

そんなことはどうでもいいことだ。長政は首を傾《かし》げながらも「右でございました」と答えた。

すると官兵衛は「その時、そちの左手は何をしておったのだ？」と言った。つまり、なぜ家康を左手で刺し殺し、戦乱の世を続けさせなかったのか。そうすれば自分にも天下取りのチャンスが巡ってくるかもしれないということだ。

父官兵衛と息子長政の器量の差がこれほどはっきり示されたエピソードも珍しい。ただ、私は長年この話の出典となる史料を探しているのだが、いまだに発見できない。どうやら、まさに「伝説」として口伝えに伝わった話らしいのだが、これは「真実」か、それとも「伝説」か？

私は、これこそ真実ではなかったかと考えている。何より官兵衛は、この間九州で兵を掻《か》き集めて天下を取ろうと動いていたのだ。その最大の誤算は「関ヶ原が一日で終わってしまった」ことである。それが息子長政の「働き」によると知った時、こんな言葉が出て来ても決しておかしくない。

「史料」が無いのは、これが「家康を殺す」という話であり、いくらなんでも文字にするのは、はばかられたからであろう。

奥羽《おうう》の関ヶ原《せきがはら》

直江兼続《なおえかねつぐ》は「名軍師」だったのか？

直江兼続は、言われるほどの「名軍師」ではなかったという、辛辣《しんらつ》な評価がある。それは関ヶ原の戦いの前哨戦《ぜんしょうせん》である、「上杉征伐《うえすぎ》」において、いやそもそも徳川家康《とくがわいえやす》と対立したこと自体、「失策」であったと評価するからだ。確かに、この結果、上杉120万石は30万石へと格下げされた。結果論で言えば、上杉景勝《かげかつ》のブレーンであった兼続の大きなミスということになるわけだが、このあたりは実際にはどう評価すべきなのだろうか？

その評価を定めるには、少し過去にさかのぼる必要がありそうだ。

彼の過去を考える場合、一番重要なことは、彼が直江家の養嗣子であったこと、そして直江家とは何の血縁もなかったこと、この2点に注目しなければいけない。

実は、中国・朝鮮ではこういうことは有り得ない。彼の地では養子とは必ず一族の血を引く者でなければならず、どんなに遠い親戚であろうと捜し出す。中国で反乱事件が起こった場合、「九族皆殺し（遠い親戚まで一人残らず殺す）」するのも、一人でも「遠い親戚」が生き残れば、「御家再興」されてしまうからだ。「姓」とは「男系ＤＮＡ」をあらわす「標識」なので、基本的に変えないし、変えられない。「張《ちょう》さん」は１００代たっても「張さん」で、嫁いで来た女性は「張のＤＮＡ」を持っていないので、夫婦別姓のまま、ただし子は「ＤＮＡ」を受け継ぐので「張姓」を名乗ることになる。

　ところが、日本は古代は母系社会であったこともあり、こうした伝統は希薄だ。「姓」である「源《みなもと》」より、足利《あしかが》・新田《にった》・武田《たけだ》・明智《あけち》といった苗《みょう》字《じ》（これら氏族の姓はすべて「源」）が重んじられるだけでなく、途中で「ＤＮＡ」の交替もある。たとえば武田信玄《しんげん》は、自分の息子（次男と五男）に、それぞれ「海野《うんの》」「仁科《にしな》」という姓（厳密には苗字）

戦いの概要

　慶長《けいちょう》3年（1598）、豊臣秀吉《とよとみひでよし》の命で会津《あいづ》に移封された上杉景勝《うえすぎかげかつ》は、その後、道路整備や城の改修など、領国経営に追われていた。秀吉没後の慶長5年、徳川家康《とくがわいえやす》はこうした上杉家の動きを謀反《むほん》の準備と断じ、景勝に上洛《じょうらく》して釈明するよう求めるが、景勝は決然とこれを拒む。また、上杉家執政《しっせい》・直江兼続《なおえかねつぐ》は、家康の非を糾弾する返書「直江状」を送りつけた。

　これに激怒した家康は、討伐軍を率いて上方《かみがた》を出発。ここに事実上、関ケ原《せきがはら》の戦いが幕を開ける。東軍・最上《もがみ》軍を相手に奮戦した上杉軍であったが、関ケ原での味方の敗報が届くと、自領へと撤退する。景勝が家康に降伏し、大幅な減封の命を受け入れるのは、それから約1年後のことであった。

を名乗らせている。これらの家を滅ぼし、自分の息子に継がせたというわけだ。

「直江」兼続も、先代直江景綱《かげつな》と養嗣子の信綱《のぶつな》が死んで直江家の後継者がいなくなったため、信綱の未亡人（お船《せん》の方《かた》）と妻合《めあ》わせられることによって直江家を継いだ。直江家とは何のゆかりもない、遠い親戚でも無論ない。

しかし、直江家は上杉家中でも宿老《しゅくろう》（家老）をつとめる名門であった。ということは、実は兼続は、上杉家中で若手随一の優秀な人物であった、ということだ。これが、少しでも血がつながっているというなら、まさに「縁故採用」であり、優秀かどうかは保証の限りではない。しかし「血縁無し」なら、上杉家中のすべての若者の中から、最も優秀な人物を選ぶことができる。

明らかに兼続はこのようにして選ばれたのだ（昔、兼続は上杉謙信《けんしん》の衆道《しゅどう》*の相手であり、このコネによって出世したという説もあったが、これは現在否定されている）。

私が、その「若き名軍師」直江兼続の「初仕事」だと思っているのが、「御館《おたて》の乱」における働きである。

御館の乱（１５７８年）は、上杉謙信が急死した後に起こった、上杉家の相続争いであった。後継者候補は二人いた。上杉景勝（謙信の実の甥《おい》）と上杉景虎《かげとら》（初名北条氏秀《ほうじょううじひで》。北条氏政《うじまさ》の弟から謙信の養子となる）である。

＊若衆道の略。男色のこと。

直江家略系図

長尾景貞《ながおかげさだ》 生没年不詳
上野総社を本拠とする総社長尾家の当主。上野を追われ、一族は越後に移る。

直江景綱《なおえかげつな》 1509?〜77
代々、越後守護代の長尾家に仕え、景綱も謙信に重用された。男子がいなかったため、娘を信綱に嫁がせ養子にする。

樋口兼豊《ひぐちかねとよ》 ?〜1602
上杉景勝の実父である長尾政景の下級家臣であったという。

女 生没年不詳
北信濃の武将・泉弥七郎の娘。一説には直江景綱の妹ともいう。

本多正信《ほんだまさのぶ》 1538〜1616
徳川家康の側近として仕え、のち将軍秀忠のもとで幕政を担う。

直江信綱《のぶつな》 ?〜1581
景勝の家臣の一人だったが、御館の乱の恩賞をめぐる家臣の争いに巻き込まれ、斬殺される。

お船《せん》**の方**《かた》 1557〜1637
直江景綱の娘として生まれ、初め信綱に嫁すが、信綱の死後、家名断絶を惜しんだ上杉景勝により樋口兼続に嫁す。

直江兼続《かねつぐ》 1560〜1619
兼豊の長男として生まれ、早くから上杉景勝に仕えた。直江家の家督を継ぎ、景勝の重臣として上杉家の安泰に努めた。

大国実頼《おおくにさねより》 1562〜1622
兼豊の次男。幼名与七。小国重頼の養子となるが、景勝の命により家名を大国と改める。

樋口秀兼《ひでかね》 生没年不詳
幼名与八。大坂の陣にも参加。樋口家を継ぎ、1000石を領する。

本多正純《まさずみ》 1565〜1637
家康側近として権勢をふるい宇都宮藩主となるが、秀忠の代になり改易され、蟄居先の出羽横手で死去。

阿虎 ?〜1627
大国実頼の娘。お松の死後、兼続の養女として慶長14年(1609)に勝吉(本多政重)の継室として入る。

本多政重《まさしげ》 1580〜1647
本多正信の次男。兼続の養子に迎えられ、直江勝吉と称する。慶長16年(1611)に帰家して加賀前田氏に仕え、家老となる。

お松《まつ》 ?〜1605
兼続長女。慶長9年(1604)に本多政重を婿にとるが、翌年病没。

景明《かげあき》 ?〜1615
兼続の嫡男。幼名竹松、次いで平八と名乗る。慶長14年(1609)、近江膳所城主戸田氏鉄の娘をめとる。

女 ?〜1605
兼続の次女。若くして病没。

意外かもしれないが、当初は景虎の方が優勢であった。景虎には、実兄で北条家当主でもある氏政と、その氏政の妹を後妻に迎え、氏政とは義兄弟の仲である武田家当主武田勝頼《かつより》という、二大勢力の支援が期待できたからだ。しかし、当初劣勢であった景勝が大逆転を果たす。明らかに「北条の味方」であった武田勝頼を味方に引き入れることに成功したのである。結局、勝頼はこの時景勝に味方したことによって、北条家との同盟関係を失い、それが天正《てんしょう》10年（1582）の滅亡の原因となるのだが、なぜ勝頼はそんな不利な決定を下したのか？　景勝側が、春日山《かすがやま》城にあった大量の黄金を進呈し、領土の東上野《こうずけ》も割譲し、なおかつ武田家の家来になると言ったからである。特に勝頼の心をゆさぶったのは、「上杉が武田の家来になる」ということだったろう。これは偉大な父信玄にも出来なかったことだ。かくして勝頼は心変わりしたわけだが、これは景勝側からいえば見事な謀略の勝利である。ではこの作戦を一体誰《だれ》が考えたのか？

私はそれを、まだ当時は樋口《ひぐち》姓だった兼続だと見ている。この時点で兼続は景勝の側近として活躍していた。そして上杉景勝という人は生涯「男」として生きることを第一に考えた人物で、謀略・策略とは無縁の人である。この時期、上杉家には他にブレーンとなるような知略の士はいない。だとすれば、この名作戦は兼続が考えたとするのが最も妥当だろう。当時20歳そこそこだが、天才は若い頃《ころ》から才を発揮するものだ。ひょっとして、この功績が買われて直江家の後継者に選ばれたのかもしれないのである。

では、冒頭の疑問はどうか？　確かに上杉家が１２０万石を保つ道はあった。それは前《まえ》田《だ》家のように徳川家康に屈服することだ。

だが景勝はそういうことを最も嫌った人物である。だから兼続はその主君の意志を最大限尊重しつつ、失敗しても上杉家自体も存続する両面作戦をとったのではないか。結果において上杉家は残ったし、家康を激怒させたにもかかわらず（「直江状」の存在を疑問視する人もいるが、家康を激怒させたのは事実だ）兼続も天寿を全《まっと》うした。

やはり名軍師だったのだろう。

家康《いえやす》の首に肉薄した夏の陣、幸村《ゆきむら》最後の猛撃

かつて天下の主であった豊臣《とよとみ》家が、大坂冬の陣、夏の陣で滅んだ最大の理由は、慶長《けいちょう》16年（1611）からの数年間における、豊臣恩顧《おんこ》の大名の連続死であろう。加藤清正《かとうきよまさ》、浅野幸長《あさのよしなが》、前田利長《まえだとしなが》といった人々は、関ヶ原《せきがはら》では家康に味方したが、豊臣家は滅ぼすことは許さないという意識を持っていた。しかし、福島正則《ふくしままさのり》を除いて、これらの人々は、まさに大坂冬の陣が始まる慶長19年（1614）までにことごとくこの世を去ってしまうのである。

これは家康にとって「幸運な偶然」なのか、それとも「作為」によるものなのか、今となってはわからない。それでも清正の突然の死は毒殺であるとの噂《うわさ》が絶えなかった。

「偶然」であれ「作為」であれ、家康は「これで豊臣家を滅ぼせる」と思ったに違いない。方広寺《ほうこうじ》の鐘銘《しょうめい》問題などヤクザまがいの言いがかりで豊臣家を挑発した。かつて前田家がそ

うしたように、豊臣秀頼《ひでより》の母淀殿《よどどの》を江戸に人質として差し出し、あるいは大坂城を出て国替《くにがえ》に応ずれば、つまり徳川《とくがわ》家に臣従する姿勢を見せれば、まだ生き残る道はあったかもしれないが、「昔の夢」が忘れられない豊臣家はそれを拒否した。ここにおいて家康は待望の大坂城攻撃の名分《めいぶん》を得たのである。

確かに家康の読み通り、いまさら豊臣家に味方しようという大名は一人もいなかった。だが問題は豊臣家は太閤秀吉《たいこうひでよし》の遺産である莫大《ばくだい》な金銀を保持していたことだ。そして世には関ヶ原以来の「負け組」の浪人が満ちあふれている。彼等は「戦争」を待っていた。それは「勝ち組」になる唯一の機会である。大坂城には招かれた浪人衆が続々と入城した。この中で最大の大物は真田《さなだ》幸村（信繁《のぶしげ》）であったろう。

戦いの概要

関ヶ原《せきがはら》の戦いで勝利した徳川家康《とくがわいえやす》の最大の懸念は、大坂《おおさか》城に拠《よ》る豊臣秀頼《とよとみひでより》とその生母淀殿《よどどの》の動向だった。家康は、秀頼が寄進した方広寺《ほうこうじ》の鐘に刻まれた文字が家康を呪うものだとして、大坂方を討伐するべく、全国の諸大名に出陣を命じた。

慶長《けいちょう》19年（1614）10月19日、大坂冬の陣が勃発。兵力にまさる徳川方だが、大坂城の守りは堅い。徳川方と大坂方は、この年12月19日に大坂城の堀を埋めることを条件に和議を結んだ。

しかし、翌慶長20年（1615）4月26日、大坂夏の陣が起こり、再び両者は戦火を交える。大坂方武将は奮戦したが、裸城となった大坂城を支えきれず、5月7日に真田幸村《さなだゆきむら》は戦死。翌日、秀頼と淀殿も自害し、大坂城は陥落した。

実は彼が生きていた時代の史料に「幸村」という名は出てこない。しかし、私はこの大坂の陣の前に彼が名を「信繁」から「幸村」に改めた可能性はあると見ている。「幸」という字は「通字《つうじ》」といって家系を代表する漢字である。織田信長《おだのぶなが》の織田家の「信」や徳川家の「家」もそうだが、兄弟全部につけるところと家督を継ぐ長男だけにつけるところがある。真田家は後者であった。彼は次男だが、長男で家督を継いだのは信幸《のぶゆき》であった。ところが、この信幸が信之《のぶゆき》と改名した。なぜかといえば、関ヶ原の戦いで信幸は東軍《とうぐん》に味方したが、父昌幸《まさゆき》と弟信繁は西軍《せいぐん》に味方したからだ。つまり、父が徳川家の敵となったことで、信幸は真田家伝来の「幸」を捨てて信之と名乗ったのだ。

一方、昌幸は打倒徳川を生涯の念願とした武将であった。関ヶ原の前哨戦《ぜんしょうせん》の信州上田城《しんしゅううえだ》(長野県上田市)攻防戦では、徳川秀忠《ひでただ》率いる3万8千人の大軍をわずか数千の兵で釘付《くぎづ》けにし、関ヶ原の戦いに間に合わせなかったこともあった。西軍が勝っていれば最大の功績ともいえたが、負けては仕方がない。領土を奪われ、昌幸・信繁親子は紀州九度山《きしゅうくどやま》(和歌山県伊都《いと》郡九度山町)に隠棲した。昌幸はそこで怨念を抱いたまま病死した。打倒徳川の思いをついに果たすことができなかったのだ。しかし、大坂の陣は始まった。父の遺志を継いだ信繁は、兄の捨てた「幸」を拾って幸村と改め、打倒徳川を心に誓ったのではないか、と私は夢想している。

だからここは敢《あ》えて「幸村」と呼ぶが、幸村の奮戦は見事なものであった。冬の陣では真田丸《さなだまる》という出丸を築いて敵を散々打ち破った。

しかし、豊臣家は家康の謀略に敗れ、城の堀はすべて埋められ丸裸にされてしまった。誰もが徳川の勝利を確信した。

だが、幸村はあきらめていなかった。家康さえ倒せば何とかなる、と思っていたに違いない。実際、後継者の2代将軍秀忠は優柔不断な男で、その妻（お江与《えよ》）は淀殿の妹であり、何より豊臣秀頼は娘千姫《せんひめ》の夫でもある。だから、この時家康が討ち取られていたら、世の中どうなったのかわからない。

幸村の指揮の下、真田軍は決死の突撃を開始した。家康本陣の前備《まえぞなえ》である越前松平《えちぜんまつだいら》勢を一蹴《いっしゅう》し、武田《たけだ》家無きあとは戦国最強ともいわれた徳川軍を散々に蹴散らした。

この時、家康の本陣にあった馬印《うまじるし》（大将の位置を示す旗印）が倒されたという。家康本陣の馬印が倒されたのは、家康が武田信玄《しんげん》に完膚《かんぷ》なきまでに撃ち破られた三方ケ原《みかたがはら》の合戦以来のことだった。

当然、家康もあわてて逃げた。

真田軍は、武田家の遺風を継いで具足や槍《やり》をすべて赤色で統一していた。いわゆる赤備《あかぞな》えである。真っ赤な部隊が突進してくるさまは、家康にとってさぞかし恐怖であったろう。

本陣は壊滅した。家康もあと一歩のところまで追い詰められる。しかし、数にまさる徳川軍は勢いを盛り返し、真田軍に集中した。こうなっては多勢《たぜい》に無勢《ぶぜい》、ついに家康の首を取ることをあきらめた幸村は戦線を離脱し、疲労で動けなくなっているところを討ち取られた。享年49。

この戦いには参加していないが、あとで話を伝え聞いた島津《しまづ》家当主島津忠恒《ただつね》は「真田日本一の兵《つわもの》、古《いにしえ》よりの物語にもこれなき由《よし》」と激賞した。江戸時代においても、家康に逆らった敵のはずの幸村は、多くの物語で取り上げられ、幕府もまたそれを禁ずることは無かった。

第五章　幕末維新

其の1

幕藩体制をゆるがした戦乱

薩英戦争の「憂鬱」

「薩英戦争」のことを考えるたびに、私は実は憂鬱になる。

日本人、日本民族の最も愚かな部分が、改めるべき欠点が如実に露呈しているからだ。

それは一言で言えば、「言葉を信じない」と言おうか、いや気に入らない結論を受け付けない体質と言っていいし、想像力の欠如といってもいい。

薩摩藩は攘夷《じょうい》を実行しようとしていた。

攘夷というのは「外国人よ出て行け」ということだが、その心底にあるのは「外国人に日本を思い通りにさせてたまるか」という熱情だ。もう少し理性的に言えば「欧米列強の日本植民地化の野望を砕き、日本の独立を全《まっと》うする」ということだから、攘夷ということの目的自体は悪くない。むしろ、やるべきことだ。

問題は、それをいかにしてやるか、つまり方法論なのである。

まさに、この戦争の原因となった生麦《なまむぎ》事件のように「ガイジンは一人残らず斬《き》り殺せばいい」という「方法」で、本当に攘夷が達成できるか、ということなのである。

当時の日本は平和ボケだった。長い戦国時代が終わった後、日本人はようやく得た平和を恒久的なものにしようと決意した。それはいい。しかし、そのために日本人が取った手段は国内において武器の改良や戦争に関する技術の研究をストップすることであった。だから江戸時代の「三百年（実際は260年ほど）の太平（平和）」の間に、たとえば「火縄銃」が「連発式」になることはなかった。大砲も特に大きなものは鉄製ではなく青銅製だった。鉄をドロドロに溶かして鋳造《ちゅうぞう》する技術はなかった。そもそも鉄を溶かせる溶鉱炉すら日本には一基もなかったのである。

戦いの概要

安政《あんせい》1年（1854）の開国以来、日本国内では、多くの外国人が居住するようになった。しかし、尊王攘夷《そんのうじょうい》を唱える志士らは、このような事態を「神州の地を汚すもの」と憤激し、外国人殺傷、イギリス公使館襲撃などの事件が相次いだ。

こうした背景の中、薩摩《さつま》藩の島津久光《しまづひさみつ》の行列と生麦《なまむぎ》村（横浜市鶴見区）で遭遇したイギリス人が薩摩藩士に殺傷されるという事件をきっかけに、イギリス・薩摩両軍が交戦する事態へと発展する。

文久《ぶんきゅう》3年（1863）7月2日、薩摩藩の砲撃で戦端が開かれたこの戦いは、双方が大きな損害を被りながらも、勝敗が決しないまま終了した。この戦いをきっかけとして、薩摩藩は攘夷の無謀さを悟り、以後、イギリスに接近していく。

しかし、世界の中で日本だけが武器の改良をやめても、世界はやめない。だから日本が「太平のねむり」をむさぼっている間に、海の向こうでは産業革命が起こった。蒸気船という、風力で動く帆船《はんせん》とは比べものにならないほど強大なパワーを持つ船が造られ、そのパワーゆえに巨大な大砲や大量の兵士を迅速に運ぶことができるようになった。これが黒《くろ》船《ふね》である。

日本の武器も戦争技術も、「三百年」遅れている。だから、このままでは絶対にかなうわけがないのだ。

ならば、どうすればよいのか？

島津久光《しまづひさみつ》の兄で幕末最大の名君ともいうべき島津斉彬《なりあきら》がやったように、そして同じく名代官といわれた江川太郎左衛門英龍《えがわたろうざえもんひでたつ》がやったように、まず溶鉱炉（反射炉）を造って鋼鉄をつくるところから始めるのである。外国語を学び、数学や工学の基礎から学ぶ。そうしなければ、黒船を持つ国には絶対勝てない――いまこの結論を否定する人はいないだろう。

ところが、この時代はまるで逆で、こういう正論を唱える人の方が少数派だったのである。理屈で考えれば誰《だれ》もが到達するはずの結論に従った人は、むしろ極めて稀《まれ》で、大多数の人々は「斬り殺せばいい（それで攘夷は達成できる）」と考えた。

それればかりではない。こうした「日本刀で攘夷が可能」と考えた連中は、「いや溶鉱炉か

イギリス艦隊の動きと鹿児島港

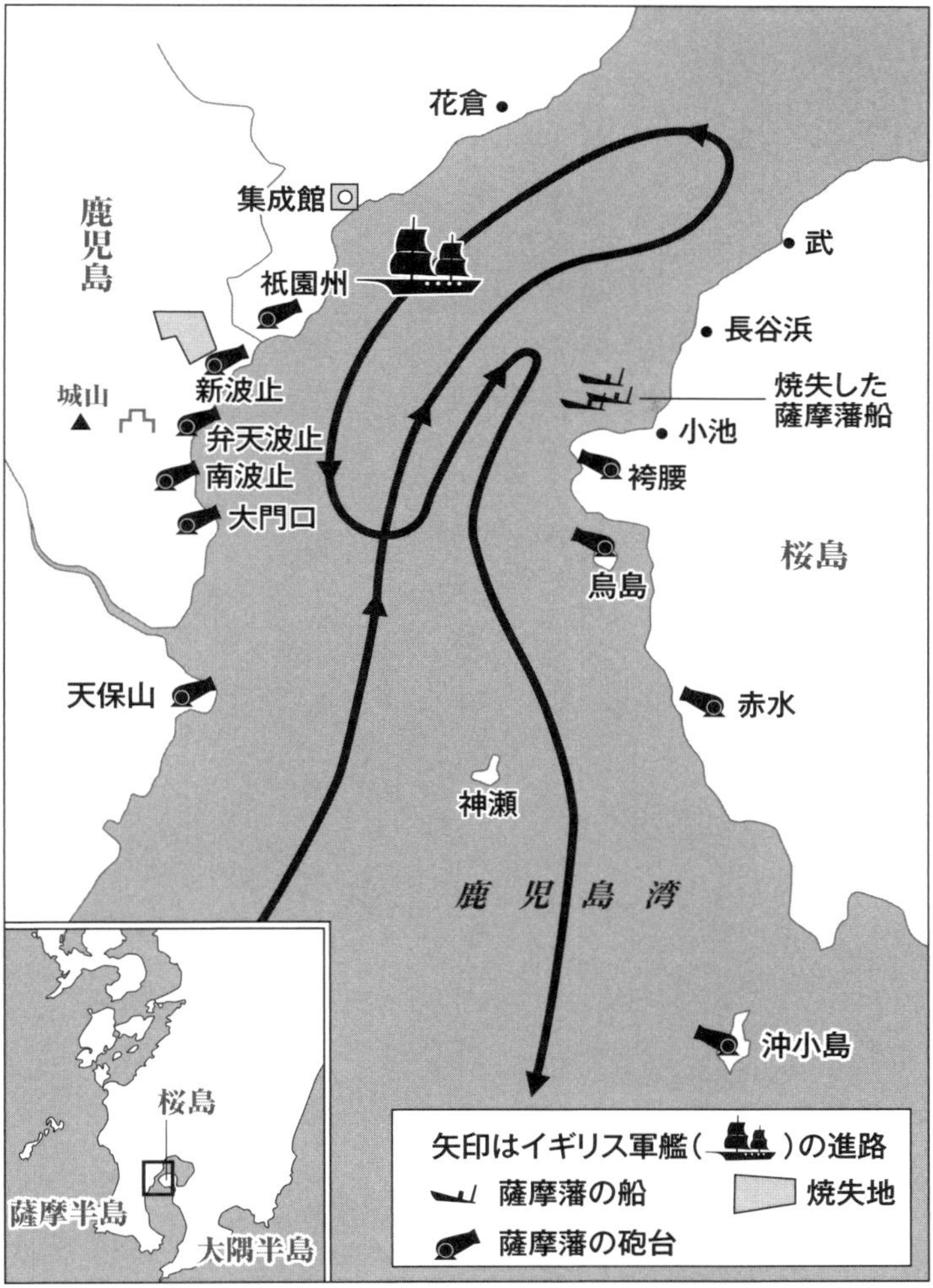

文久3年（1863）7月2日、イギリス艦隊へ向けた天保山《てんぽざん》砲台からの砲撃によって、薩英戦争の火蓋は切って落とされた。鹿児島城下の約1割が焼失したが、イギリス側の被害も大きく、勝敗の決しないうちに戦いは終わった。

ら造らなければダメだ」という正論を説く人々を敵視し、「売国奴《ばいこくど》」「外国の手先」などと侮辱しただけでなく、「人間のクズ」として暗殺しようとすらした。

勝海舟《かつかいしゅう》が坂本龍馬《さかもとりょうま》に殺されそうになったのは有名な話だが、勝の義兄弟（妹の夫）である佐久間象山《さくましょうざん》は、そうした攘夷浪人に斬り殺されている。

そうした連中は、いくら口を酸っぱくして「一からやらねばダメだ」と説いても受け付けない。坂本龍馬はさすがに気が付いたが、他の連中は決して自分の考えを変えようとしない。しかし、正論は正論だ。結局はそれに目覚めざるを得ない。では、それはいつか、きっかけは何かといえば「薩英戦争」なのである。実際に外国と戦ってみて、ようやく主張を転換する。それまではいくら説得してもムダなのである。

ペリーの黒船が来たのは嘉永《かえい》6年（1853）で薩英戦争が文久《ぶんきゅう》3年（1863）、この間10年もある。何という時間と人間の損失《ロス》であろうか。最初から正論が正論として受け入れられていれば、こんな膨大な損失は避けられた。当然、佐久間象山も、勝が西郷隆盛《さいごうたかもり》と同等の人間と評した横井小楠《よこいしょうなん》も、斬り殺されずに済んでいたはずなのだ。

では、昔の人はバカだなあ、と笑える資格が現代人にあるか？

昭和20年（1945）の敗戦で、日本は平和を国是《こくぜ》とした。それ自体は間違っていない。しかし、その方法論として採用したのが日本国憲法つまり「平和憲法」を守るということだった。日本国憲法は日本だけのものだ。日本人がいくらそれを守っても世界に守る義務はない。だから決して世界平和の役には立たない。また、日本という国も防衛できない。日本刀で黒船を防げなかったように、憲法9条ではテポドンは防げない。しかし、中年以上の方はよく御存じだろう。「9条では日本は守れない、改正すべきだ」と正論を吐いた人々が、何と呼ばれたか。「平和の敵」、「右翼」、つまり「非国民」ということだ。おわかりだろうか、攘夷論者と護憲論者が言ってることは「空想的国防論」という点では実はまったく同じなのである。

新撰組誕生の要因には徳川家康《とくがわいえやす》のある選択が隠されていた

歴史は悠久の大河のようなものだ。

この言葉は多くの人々を納得させている。

まさにその通りなのだが、実はこの「たとえ」はもう少し具体的に活用できる。「川の流れ」ということは上流で何かをすれば必ず下流への影響がある。上流とは「過去」であり下流とは「現在」であり「未来」だということになる。

一方、歴史を知るコツの一つに、当時の人々の気分になって考えるというのがあるということは、すでに本書でも何度も述べてきたとおりである。そこで、新撰組についても、これを実行してみたい。

多くの人は新撰組がどのような経緯で生まれたか知っていよう。

文久《ぶんきゅう》3年（1863）幕末の騒然とした情勢の中で、実に久しぶりに将軍徳川家茂《いえもち》が上《じょう》洛《らく》することになった。ところが、ここに清河八郎《きよかわはちろう》（本名は斎藤正明《さいとうまさあき》）という男がしゃしゃり出てきた。この男、庄内《しょうない》藩の郷士《ごうし》（藩士より身分が下の武士）でありながら倒幕運動に奔走していた「志士」である。だから変名を名乗っていたのだが、伝手《つて》をたどって幕府に次のような提案をした。

「将軍様がこのたび上洛されるようだが、京の都には不逞《ふてい》の浪士があふれており、将軍の御身の上に万一のことがないか心配である。そこで一案がある。幸いにも江戸近辺には腕に覚えのある浪人が多数いる。この浪人たちを将軍警護の士として募集し、浪士組を結成してはどうか？」

この提案に幕府が乗った。実は清河には腹に一物あって、幕府の資金で将軍警護の名目で浪士を集めておいて、京に着いたらこれを説得して倒幕の兵に変えてしまおうと考えていた。つまり、幕

新撰組の概要

文久《ぶんきゅう》3年（1863）2月、幕府は将軍徳川家茂《とくがわいえもち》の上洛《じょうらく》に伴い、将軍警護のための浪士組を募る。この浪士組の中には、近《こん》藤勇《どういさみ》、沖田総司《おきたそうじ》、土方歳三《ひじかたとしぞう》といった、のちに新撰組《しんせんぐみ》幹部となる面々がいた。

上洛したのち、京の治安維持に奔走していた近藤らは、やがて「新撰組」を名乗り、「池田屋《いけだや》事件」、つづく「禁門《きんもん》の変」で見事な働きぶりを見せ、その武名をますます高めていく。

しかし、鳥羽《とば》・伏見《ふしみ》の戦いでむなしく敗退すると、新撰組の運命は暗転する。その後、下総《しもうさ》（千葉県）流山《ながれやま》に転戦した近藤は、新政府軍に捕えられ、のちに刑死。次いで箱館《はこだて》まで転戦した土方が壮絶な戦死を遂げるに至って、新撰組は名実ともに終焉《しゅうえん》を迎えたのであった。

府をだましたわけだ。だが、京に着いた時、清河の説得に応じなかった一団も出た。「われわれは将軍警護のために来たのだ」ということで、浪士組を脱退した人々が中心となって新撰組を結成したのである――。

そんなことは言われなくてもよく知っている。ひょっとすると、読者のみなさんはこうおっしゃるかもしれない。だが、ここで一つ「当時の人々の気分」になって考えてもらいたいことがある。それは「なぜ旗本たちが怒らなかったか」ということなのである。

幕府というのは将軍を長とする軍団である。だから幕府には旗本という将軍の警護をするために代々俸禄《ほうろく》をもらっている家がたくさんある。当然、これは名門中の名門だ。ところが将軍警護のために浪人の募集をするということは実は「身内の旗本では不安だから、わざわざ費用をかけて外部から人を雇う」ということなのである。当然旗本は「われわれをバカにするにも程がある。浪人を雇う必要など無い」と怒りの声を上げなければおかしいではないか。

ところが実際には文句を言った旗本は唯一《ただ》人としていなかったのである。

つまり、江戸時代の旗本という存在は、幕末期においては「戦士」としてまったく期待されていなかったということだ。これが「歴史」である。

では、なぜそうなったのか？　理由は幕府を作った徳川家康《とくがわいえやす》という人が、「これからはも

新撰組幹部一覧

総長	近藤《こんどう》 勇《いさみ》	1834〜68	慶応4年(1868)4月25日、新政府軍により斬首された。
副長	土方《ひじかた》歳三《としぞう》	1835〜69	明治2年(1869)5月11日、箱館戦争で戦死した。
参謀	伊東《いとう》甲子太郎《かしたろう》	1835〜67	慶応3年(1867)3月に新撰組を脱隊して孝明天皇の御陵衛士となり、同年11月18日、京都油小路で新撰組に斬殺された。
組長	沖田《おきた》総司《そうじ》	1842〜68	一番組組長。剣術師範。池田屋事件などで活躍したが、肺結核で病没。
	永倉《ながくら》新八《しんぱち》	1839〜1915	二番組組長。剣術師範。鳥羽・伏見の戦い、甲州勝沼の戦いなど各地を転戦。明治維新後は、北海道樺戸集治監の剣術師範を務めた。
	斎藤《さいとう》 一《はじめ》	1844〜1915	三番組組長。剣術師範。会津戦争で活躍し、斗南に配流。維新後は警察官となり、西南戦争にも従軍。
	松原《まつばら》忠司《ちゅうじ》	?〜1865	四番組組長。柔術師範。慶応1年(1865)9月1日、切腹を図った時の傷がもとで死去。
	武田《たけだ》観柳斎《かんりゅうさい》	?〜1867	五番組組長。文学師範。のち除隊処分となり、慶応3年(1867)6月22日、新撰組に斬殺された。
	井上《いのうえ》源三郎《げんざぶろう》	1829〜68	六番組組長。慶応4年(1868)1月5日、鳥羽・伏見の戦いで戦死。
	谷《たに》三十郎《さんじゅうろう》	?〜1866	七番組組長。槍術師範。弟昌武(周平)が近藤勇の養子となる。慶応2年(1866)4月1日に急死した。
	藤堂《とうどう》平助《へいすけ》	1844〜67	八番組組長。伊東とともに脱隊して御陵衛士となる。伊東が暗殺された際、現場に行き斬殺された。
	三木《みき》三郎《さぶろう》	1837〜1919	九番組組長。伊東甲子太郎の弟。慶応3年(1867)3月、兄とともに御陵衛士となる。兄が暗殺されたあとは薩摩藩に保護され、戊辰戦争は薩摩軍に属して戦った。維新後、酒田警察署長になっている。
	原田《はらだ》佐之助《さのすけ》	1840〜68	十番組組長。慶応4年(1868)の上野戦争では彰義隊に参加。5月17日に死亡。

う戦争はない」という見通しの中で、旗本という「軍人」を「官僚」にするという路線を選択したからだ。これは割と有名な話だが同じ時代の旗本で勘定吟味役《かんじょうぎんみやく》から外国奉行へと出世した川路聖謨《かわじとしあきら》は、若い頃道場へ通って剣術を習おうとしたら、「ケガでもして御奉公にさしつかえが出たらどうする」と先輩にとめられたという。幕府は昌平坂《しょうへいざか》学問所という「文系の大学」はあったが、地方の藩にはあった家臣に武術を教えるための正式な道場（通常は藩校の中にある）は無かったのである。いや、正確に言えばあわてて講武所《こうぶしょ》を作った。安政《あんせい》3年（1856）のことだ。ペリーの来航は嘉永《かえい》6年（1853）である。つまり黒船を見てからドロ縄式で作ったのだ。ちなみに旗本にも自主的に武道の鍛錬につとめていたものもいた。この講武所で剣術師範をつとめ、後に旗本が中心メンバーの見廻組を作った佐々木只三郎《ささきただざぶろう》だ。しかしこの佐々木も元は会津《あいづ》藩士の子に生まれ親戚の旗本に養子に来た男だった。江戸生まれではないのだ。ただ、清河八郎を叩き斬ったのはこの佐々木只三郎である。その暗殺には「旗本をナメるな」という心情があったのは間違いないだろう。また、最後の最後で上野山にたてこもり官軍と戦った彰義隊《しょうぎたい》も、そうした旗本の意地のあらわれだろう。

新撰組の主要メンバーは、もともと武州（武蔵国《むさしのくに》）多摩《たま》の百姓出身であった。この人々が剣客となり新撰組となり最後には旗本にまで出世したのも、もとはといえば幕府が歴史の上流で播《ま》いた種に由来している。武田信玄《たけだしんげん》を尊敬していた家康は、その遺臣で徳川家では雇い切れなかった人々に土地を与えた。これが八王子《はちおうじ》千人同心だ。新撰組の井上源三郎《いのうえげんざぶろう》はその子孫である。そして、近在の百姓たちには「将軍のお膝元の守りである」、という意識を植えつけた。本来、領主は百姓が武技に励むことは好まない。一揆《いっき》の時、面倒なことになるからだ。だが、武州三多摩はそうではなかった。その土壌は、歴史という大河の上流で、幕府がつくっておいたものなのである。

勝算なき戦い

戦争とは一体何のためにやるのか?

これについては古来から様々な議論がある。

その動機としては、まず経済的利益というものが考えられる。「侵略戦争」などと呼ばれるものは、大体それが原因だ。何故《なにゆえ》に領土を増やそうとするかといえば、自国の国益、それも経済的利権を拡大するのが第一の目的だ。つまりは「カネと欲」なのである。

しかし、中には「正義の戦争」というものもあるから厄介だ。もっとも、ここで言う「正義」とは、多くの場合相対的なもので、絶対的なものではない。

たとえば「十字軍」。これはヨーロッパのキリスト教徒に言わせれば「イスラム教という邪教の信徒がキリスト教の聖地エルサレムを占領した。これは何が何でも回復せねばならぬ」ということになるし、イスラム教徒に言わせれば「そもそもキリスト教こそ邪教ではないか。邪教の信者による侵略は許せぬ。断固戦うべし」ということになる。言わば「正義vs正義」の戦いであって、相対的(絶対の正義が無い)と言ったのは、その意味である。

この「正義の戦争」のもう一つ厄介なところは、双方計算を度外視するところにある。それが「経済目的」ならば、当事者は常に計算する。「利益」というものは生きていてこそ得られるものだから、勝算というものがまったくなければ人は戦わない。死んでしまっては何の意味もないからだ。

ところが、この常識が「正義の戦い」には通用しないのである。「正義」というのは実行することに意味がある。「あの暴力団に勝てるはずがないから、警察への告訴はやめておこう」と言えば、今でも多くの人間はこの発言を非難するはずだ。「正義の戦い」、もう少し正確に言えば「当人たちがそ

争乱の概要

天狗党《てんぐとう》の争乱は、元治《げんじ》1年(1864)3月27日、水戸《みと》藩の尊王攘夷《そんのうじょうい》激派の藤田《ふじた》小四郎《こしろう》らが首謀者となり、幕府に攘夷断行を促すため、筑波《つくば》山(茨城県)で挙兵したことに始まる。藩内の郷士《ごうし》や周辺各地の農民らも糾合《きゅうごう》し、一行は約1000人にまで膨れ上った。

やがて天狗党は、京にいる一橋《ひとつばし》(徳川《とくがわ》)慶喜《よしのぶ》を頼って長い西上の途につく。下野《しもつけ》(栃木県)、上野《こうずけ》(群馬県)から信濃《しなの》(長野県)へと進み、美濃《みの》(岐阜県南部)を通って大雪の越前《えちぜん》(福井県)を行軍し、新保《しんぼ》宿までたどり着いた時、頼りとする慶喜が天狗党を追討するために出陣したことを知り、12月17日に降伏。翌慶応《けいおう》1年(1865)2月、幕命で小四郎をはじめ、352人が斬首された。

れを正義と信じている戦い」は、勝算など初めから関係ないのである。オリンピックではないが「勝つことより、実行することに意味がある」のだから。

天狗党の乱も、この視点で見なければならない。

勝算が無いのに愚かだとか、無茶だとか、計画性が無いとかいっても始まらないのである。これは言ってみれば「宗教一揆《いっき》」のようなもので、そういう要素は初めから度外視しているのである。

そして、歴史には、こういうことがよくある。

単純な戦術論でいうなら「暴挙」としか言えないものが、後の歴史の流れを作ったということだ。

たとえば「大塩平八郎《おおしおへいはちろう》の乱」がそうである。大塩の乱は戦術論で言えばまさに「勝算なき戦い」である。しかし、大坂町奉行所《おおさかまちぶぎょうしょ》の元与力《よりき》という、引退したとはいえ、歴《れっき》とした幕府の役人だった男が、初めて幕府に対して批判の兵を挙げたことの意味は限りなく大きい。もちろん、大塩には幕府を転覆させるなどという発想は夢にもなかっただろうが、「タブー」を破ったことの意味は限りなく大きいのだ。

この天狗党の乱もそうだ。

そもそも明治維新の基本のイデオロギー（思想）は、水戸学《みとがく》が形成したものであった。

簡単に言えば、日本人の真の主君は天皇であって将軍ではなく（尊王《そんのう》）、日本はその天皇の支配する神国であるから外国人の干渉を一切許してはならない（攘夷《じょうい》）というものであった。

つまり日本人は「尊王攘夷」を貫くべきなのに、幕府そして将軍家は勝手に外国と条約を結んで開国しようとしている。これは許せない。断固叩《たた》くべし——というのが、実は倒幕エネルギーを盛り上げた最大の「議論」だったのである。

だが、ここで多くの人々は首を傾《かし》げるかもしれない。そう叫びながら建設された明治維新政府は、開国を国の方針としたではないか。これは攘夷とは矛盾するのではないのか、ということである。

この矛盾を解明することこそ、明治維新史を理解する最大のポイントともいえる。

初めは「攘夷」は確かに日本人全体の願望であった。日本人はまさに「水戸学」ならぬ「水戸尊王攘夷教」の信者だったのだ。ところが、そのうち、まず目の前の現実を直視せねばならない幕府の担当者が、日本刀をふりかざして攘夷を達成することなど不可能であることを知った。ペリーの黒船《くろふね》が見せた科学力・技術力の差は、如何《いかん》ともしがたいものであったからだ。だが、倒幕勢力はそんなことに気が付かない。そこで「なぜ攘夷をしないのか！」と、本気で幕府にせまった。

しかし、そのうち倒幕派も、こんなことは不可能で、開国し近代化しなければならないと悟った。そのきっかけが薩英《さつえい》戦争（P.126参照）や馬関《ばかん》戦争であり、倒幕勢力もここで完全に方針転換した。ただ、そうは言っても「攘夷」を完全に捨てたわけではない。「攘夷」とは本来外国の干渉を受けないことだから、日本の独立を保つと言い換えてもいい。ただ、その手段が「日本刀」ではダメで、「開国近代化」しかないということに気が付いたということだ。だからこそ、一見明治政府の方針とはまるで逆のことを求めた天狗党の乱と、明治維新はつながっているのである。

この戦いに限れば、勝算などまるでなかった。だが、戦いを起こしたことの意味はまぎれもなくあったのである。

もし龍馬が生き残っていたら、どうなったか？

もし坂本龍馬が暗殺されずに明治の世まで生き残ったら、一体どうなっただろうか？

こういう問題をよく「歴史ｉｆ《イフ》」という。頭の固い歴史学者は、こういう作業つまり「もしも坂本龍馬が生き残っていたら」などという考察をまったく価値の無いものとして否定する向きがある。

極めて不可思議な話である。

一体、歴史というものの本質がわかっているのだろうか？

たとえば、幕末、大老《たいろう》井伊直弼《いいなおすけ》という人物が開国を決断した。これは歴史上の事実である。

しかし、それが妥当《だとう》な判断だったかどうかを判定するには一体どうしたらいいか？

「もしも決断していなかったら、どうなっていたか」を考えることだろう。すなわち「歴史ｉｆ」だ。「歴史ｉｆ」を考えなければ評価の下しようがない。

これは決して難しい問題ではなく、日常たとえば会社でも行なわれていることだ。営業計画の中で、ある製品の販売が促進された（或《あ》いは中止された）ことにより、その会社の業績がどう変っていたか？　農薬が入っていた商品をただちに販売中止した↓もしも販売を中止しなければ会社がつぶれていたかもしれない↓ゆえに、この判断は正しかった、ということになるわけで、この「もしも」の部分がなければ、歴史上の事実を評価する方法がない。

だから、私は「歴史ｉｆは無益だ」とする学者先生の頭の中味がわからない。どうしてそれで歴史を論じることができるのか。

――まあ、こんな「謎《なぞ》」に手間をかけても仕方が無い。それよりも「龍馬が生き残ったら」を考えてみよう。

おそらく、大多数の人々は、この問題については「龍馬が何になったたか」を考えるだろう。彼自身は「世界の海援隊《かいえんたい》でもやりましょうわい」と言っていたというから「三菱《みつびし》」を起こした岩崎弥太郎《いわさきやたろう》の上を行く「海運王」になっていただろうか、などと空想を巡らすのではないか。

しかし、私はそれより「前」のことに興味がある。それは倒幕路線の変換という点においてだ。

龍馬はあくまで平和的な改革を目指していた。大政奉還《たいせいほうかん》の仕掛人となったのも、そもそも「同じ日本人同士、争わなくてもいいではないか」という強い信念があってのことだ。また、この強い信念が薩長《さっちょう》同盟を成立させたのは、ご存じの通りである。

しかし、薩長、特に薩摩《さつま》は武力倒幕派であった。徳川慶喜《とくがわよしのぶ》が大政奉還しても、決してこれを許さず、むしろ「慶喜を殄戮《てんりく》すべし（ブチ殺せ）」という過激な内容の「密勅《みっちょく》（天皇の秘密指令）」を出させて、あくまで幕府も徳川家も滅ぼそうとしていた。

結局、龍馬は暗殺されてしまったが、もし暗殺されなければ、薩摩はこれほどまでの強硬路線を取り続けることができただろうか？

慶喜をつぶす目的で開かれた小御所《こごしょ》会議（慶応《けいおう》

龍馬の一生

文久《ぶんきゅう》2年（1862）、土佐《とさ》を脱藩した坂本龍馬《さかもとりょうま》は、江戸《えど》で勝海舟《かつかいしゅう》と出会い、その門弟となる。しかし、勝が失脚すると、龍馬は薩摩《さつま》へと向かい、慶応《けいおう》1年（1865）、薩摩藩の後援の下、長崎に亀山社中《かめやましゃちゅう》を設立した。亀山社中の活動は、当時苦境にあった長州藩《ちょうしゅうはん》に対して武器提供の斡《あっ》旋《せん》をするなど、単なる経済活動にとどまらなかった。こうした龍馬の活躍は、やがて薩長《さっちょう》同盟へと結実する。

のちに亀山社中は、発展的に解消。龍馬は新たに海援隊《かいえんたい》を設立する。その一方、龍馬は土佐《とさ》藩参政《さんせい》・後藤象二郎《ごとうしょうじろう》とはかり、幕府に大政奉還《たいせいほうかん》を建議。これを受け入れた徳川慶喜《とくがわよしのぶ》によって大政奉還が行なわれたちょうど1か月後、龍馬は日本の夜明けを見ることなく、刺客の前に斃《たお》れた。

3年〈1867〉12月9日）で、前土佐《とさ》藩主の山内容堂《やまうちようどう》が慶喜を強く弁護したのは、歴史上の事実である。容堂は事実上孤軍奮闘だったが、もし龍馬が暗殺されていなければ、もっと強い力で慶喜擁護の論陣を張れただろう。

薩摩はともかく、長州《ちょうしゅう》は龍馬によって窮地を脱することができた恩義がある。その線で会議に出席していた長州派の公家《くげ》に工作すれば、会議の結論はどうなったかわからない。慶喜も「列公《れっこう》会議（大名会議）」の一員として参加を許すということになったかもしれないのである。

もちろん、それが慶喜の狙《ねら》いでもあった。大政奉還をすれば朝廷に恭順《きょうじゅん》したことになるから、倒幕派は攻撃の口実を失う。そこで、「列公」の一人として政権の主導権を握るというものだ。将軍をやめても徳川家は最大の大名には違いなく、しかも当時日本最高水準の海軍を持っているのだから、「会議」の主導権はまちがいなく握れる。慶喜はそう考えていたのである。

薩摩は、つまり西郷隆盛《さいごうたかもり》は、あくまで武力倒幕が正しいと考えていた。そこで腹心の益満休之助《ますみつきゅうのすけ》に指令を発し、江戸でテロ活動を行なわせた。もちろん慶喜を挑発するためである。一歩間違えば、政局が逆転する危険な賭《か》けだが、慶喜はまんまとその策に引っかかった。かくて、鳥羽《とば》・伏見《ふしみ》の戦いが始まったのである。

ここで問題なのは、龍馬と西郷と、どちらが正しかったか、ということだ。

まず、龍馬について言えば、大政奉還という段階を踏んだことで、官軍と幕府の徹底的な激戦は避けられたということだろう。確かに鳥羽・伏見の戦いも、会津《あいづ》戦争も、箱館《はこだて》戦争もあった。しかし、京都や江戸や日本の大都市がすべて焦土と化すような激戦には至らなかった。これは龍馬の大功績といえるだろう。

ならば西郷は正しくないのか？

この辺が歴史評価の一番難しいところだが、もし幕府の力が「平和裡《り》」に温存されていたら、明治政府はあれほど徹底的な改革をして近代日本への道を驀進《ばくしん》できていたかどうか？「守旧派」の力はつぶしておくに越したことはない。すなわち、龍馬の死は日本にとって「完全なマイナス」ではなかったかもしれないのだ。

戦争の持つ不可思議

どの国の歴史にも「戦争の名人」はいる。

そして、その名人の持つ「戦争に勝つコツ」も、やはり共通している。

「極意」というのは実は口で言うのは簡単なのである。たとえば株で成功したいなら「安く買って高く売ればいい」のだ。ただ、それを実行するのは極めて難しい。「百戦百勝」などまず不可能である。一方、戦争に勝つ極意は「負ける戦いはしない」ことだ。逆に言えば「必ず勝てると予測できる戦いしかしない」、あるいはもっと具体的に「敵より兵数が多く、武器も対等以上でなければ戦端を開かない」と言い換えてもいい。

ところが、人類の歴史、それは戦争の歴史と言い換えてもいいが、その長い歴史の中には、名人なら絶対にしないはずの「負け戦《いくさ》」になるはずの戦争に、勝者がいるという現実がある。平たく言えば、原則から言えば「勝てるはずが無い戦争」に勝ったということである。

そして、日本における、その具体的な実例が、実はこの四境戦争なのである。

よくよく考えてみれば、これはどう見ても勝てるはずの無い戦いではないか。

まず兵数が違う。

敵は「政府軍」である。全国の兵を動員できる。もちろん、この時点で長州《ちょうしゅう》には薩摩《さつま》藩という強力な味方がおり、第1次長州征討に参加した薩摩が、第2次つまり四境戦争には参加していないという有利な点はあった。

しかし、圧倒的な兵力を持つ敵がまさに四方（四境）から同時に攻めてくるという、守る側にとっては絶対的な不利な状況には変りない。

それに長州には、大軍を迎え撃つ拠点となる城《じょう》塞《さい》がない。そもそも関ヶ原《せきがはら》の敗者である長州藩毛《もう》利《り》家は山陽道に城を持つことが許されず、交通の

戦いの概要

八月十八日の政変によって京を追われた長州《ちょうしゅう》藩は、失地回復を目指し、元治《げんじ》1年（1864）7月に兵を率いて上京。御所の蛤《はまぐり》御門《ごもん》で諸藩兵と交戦するが、長州（山口県）へと敗走した（禁門《きんもん》の変）。こののち、幕府は大軍を動員して長州征討に乗り出し、長州藩は交戦する前に降伏した（第1次長州征討）。

その後、長州藩で高杉晋作《たかすぎしんさく》らが実権を握ると、長州藩の反抗的な動きを見てとった幕府は、再度の長州征討を決定。慶《けい》応《おう》2年（1866）、諸藩の兵で構成される15万の幕府軍が長州藩領を取り囲み、戦闘が開始された。戦闘は芸州口《げいしゅうぐち》、大島《おおしま》口、石州《せきしゅう》口、小倉《こくら》口という4つの藩境で行なわれたため、この第2次長州征討を長州側では「四境《しきょう》戦争」と呼ぶ。

不便な山陰道に萩《はぎ》城を築くしかなかった。

そして、幕府へのはばかりがあったのだろうか。萩城自体も江戸《えど》城などに比べれば「オモチャ」のような城である。要するに萩城というのは江戸幕府に対して長州藩が「戦う意思無し」をアピールした城なのである。その証拠に、長州藩は幕末の文久《ぶんきゅう》3年（1863）、幕府の力が衰えてきたのを幸いに無許可で藩庁を萩から山陽道の山口《やまぐち》に移している。長州ではこれを「山口政事堂」つまり「城」ではないと主張したが、幕府の認識では城であった。ゆえに第1次征討に長州が降伏した時、幕府は「山口城」の破却を条件としているのである。

勝手に城を作るなどということは、江戸時代の「憲法」である武家諸法度《ぶけしょはっと》違反で、江戸初期の大名福島正則《ふくしままさのり》は、広島《ひろしま》城の石垣を「勝手に」修理しただけで改易《かいえき》（とりつぶし）にされた。しかも、本当は「勝手（無許可）」にではなく、幕府にちゃんと届けていたのに、それを握りつぶされたのである。それもこれも正則が豊臣恩顧《とよとみおんこ》の大名であり、幕府にとっての仮想敵国であったからだが、それを言うなら関ヶ原の総大将であった毛利家（「関ヶ原の戦い」P.98参照）こそ、一番とりつぶされやすい家であったはずだ。だからこそ萩城という「拠点」しか持てなかった。それを幕末には「無許可」で山口に移してしまったのだから、この時点でいかに幕府の権威が失墜していたかわかる。逆に言えば、「山口城」こそ幕府にとってはシャクの種であり、「ナメるな」ということだったのである。

もっとも大きな城塞さえあれば、それで大戦争には勝てるのか、というと決してそうは言えない。

籠城《ろうじょう》戦というのは消耗戦であり、籠城というのは「明日無き戦い」だ。だから、トロイでも石山本願寺《いしやまほんがんじ》でも、攻める側に充分な戦力的、経済的余裕があれば必ず陥落させることが出来る。石山本願寺が11年にわたって織田信長《おだのぶなが》の猛攻に耐えたのは、城の外部に毛利家という強い味方がいて、配下の村上《むらかみ》水軍を使って物資を補給してくれたからであった。だから信長が木津川《きづがわ》口の海戦に勝利し、その補給路を絶った時、初めて本願寺は講和という選択肢を求めたのだ。

長州に大城塞が無かったのは、結果から見れば幸いだったかもしれない。そういう拠点が無かったからこそ、決死の覚悟で敵を撃破しようと戦い、勝ったのだといえるからだ。もし、そういうものがあれば、元弘《げんこう》の昔楠木正成《くすのきまさしげ》が赤坂《あかさか》・千早《ちはや》城の戦いで「幕府軍」を手玉に取り、全国に倒幕の気運を盛り上げた作戦を取ったかもしれない。しかし、正成は成功したが、そういう作戦は往々にして裏目に出る。江戸初期、原《はら》城にキリシタンが籠《こも》った時も、全国に倒幕の気運は盛り上がることはなかった。

とにかく四境戦争は、戦争の原則から見れば、「負け戦」のはずである。

それになぜ勝てたのかといえば、「士気《しき》」の問題が一番大きい。長州の武器は幕府に比べて極めて優秀ではあったが、戦いの決め手となるのは、やはり「勝とうとする意欲」である。寄せ集めの幕府軍にはこれがなかった。「精神力」などと言うと、「旧日本陸軍の亡霊か」などと批判されそうだが、それならアメリカ独立戦争を見ればいい。この場合は武器すら敵イギリスに劣っている。それでも勝った。これを戦争の持つ「ロマン」とするか「意外性」とするか、それは主観的な問題だが、こうした数式では割り切れない「不可思議」が戦争というものには客観的に存在することも、また事実なのである。

第六章　幕末維新

其の2

幕府崩壊と戊辰戦争

徳川慶喜《とくがわよしのぶ》の「弱腰」

鳥羽・伏見の戦いの敗戦を決定付けたのは、総大将徳川慶喜の「敵前逃亡」であった。もう既に勝敗は決していたという意見もあるのだが、大坂《おおさか》城という「大本営」は無傷だし、兵の数も幕府軍の方が多い。じっくりと腰を入れて巻き返せば、最終的にはどうなったかわからない。

しかし、慶喜は逃げた。どんな戦いでも、大将が真っ先に逃げては勝てない。だから、彼は旧幕臣の間でも評判の悪い人だった。「あの人が大将でなければ、勝てたかもしれない」ということである。

幕臣榎本武揚《えのもとたけあき》が、幕府海軍ごと北海道へ「脱走」したのも、根本にはこの慶喜の「弱腰」に対する不満があるはずだ。もちろん、いかに元将軍とはいえ、徳川家当主であることには変りなく、榎本から見れば主人であるから声高《こわだか》に非難はできない。だからこの不満は当時の史料にはあまり明確な形では残ってはいないが、すべての幕臣の心の中に、それがあったことは間違いないだろう。

もっとも、歴史的に評価を下せば、この慶喜の「弱腰」は日本を救ったといえる。もし、彼が徹底抗戦を指示していたら、一体どういうことになったか？　江戸をはじめ日本の主要都市は焦土と化し、多くの人命が失われただろう。そして、最悪の場合、内戦に外国が介入し、国土が分断されたかもしれない。あの江戸《えど》城無血開城（P.160）が成立したのも、この慶喜の「弱腰」のおかげである。

しかし、あくまで戦術論として分析するなら、幕府はなぜこんな男を大将にしたかを検討しなければならない。将軍（この時点では元将軍）だから仕方ないじゃないかと言うなら、そもそもなぜこの男を将軍にしたのか、という問題である。

戦いの概要

慶応《けいおう》3年（1867）12月9日、薩摩《さつま》藩を中心とする武力倒幕派は、朝廷でクーデターを断行し、幕府の廃止と徳川慶喜《とくがわよしのぶ》の将軍辞任を決定した。つづく小御所《こごしょ》会議では、慶喜の「辞官納地《じかんのうち》」を決定し、さらに慶喜を追い詰めた。

こうした倒幕派の動きに対し、慶応4年1月3日、慶喜はついに倒幕派との開戦に踏み切る。そして、薩長《さっちょう》軍を主力とする新政府軍5000と旧幕府軍1万5000が、鳥羽《とば》・伏見《ふしみ》にて相まみえることになった。数にまさる旧幕府軍であったが、新政府軍による巧みな戦術に翻弄《ほんろう》されて各地で敗戦を重ね、大坂《おおさか》城へ退却する。しかし、起死回生を図るべく続々と集結する旧幕府軍を尻目に、慶喜はひそかに大坂城を脱出し、江戸《えど》を目指すのだった。

この背景を知るには、徳川三百年（実質は約260年）全部を振り返らなければならない。それほど壮大な話なのである。しかし、紙数の制約もあるから、ごくかいつまんで話そう。

江戸幕府の創始者徳川家康《いえやす》は御三家も作った。徳川御三家というのは、家康の晩年の子（九男、十男、十一男）を分家の形で独立させ、万一総本家である徳川将軍家に後継ぎが絶えた場合、そこから補充するというものであり、いってみれば一種の「保険」である。

しかし、家康はもう一つ保険をかけていたと、私は考えている。それは、御三家の中で一番格下の水戸《みと》家を「勤皇《きんのう》の家」にしたことである。

正式な史料には無いのだが（密命を紙に書くバカはいない）、家康は水戸家に対し「もし万一、将軍家と天皇家が対立したら、水戸家は本家の将軍家ではなく天皇家に味方せよ」と言ったという伝承がある。つまり、これも「保険」だ。どこかの大名が天皇家と結びついて徳川将軍家を滅ぼそうと立ち上った時は、ちょうど関ヶ原《せきがはら》の戦い（P.98）で東軍と西軍と両方に「味方」した大名がいたようにせよということだ。そうすれば万一徳川将軍家が「朝敵《ちょうてき》」（天皇家の敵）となり滅びるようなことになっても、水戸家は残り、徳川の血筋は絶えない——まさに壮大な仕掛けである。

私は、この密命は確実にあったと思う。戦国きってのリアリストであった家康が、自分の家だけは永久に不滅だ、などと思うはずはない。彼は、旭日昇天《きょくじつしょうてん》の勢いだった織田《おだ》家が

徳川将軍家・御三家・御三卿略図

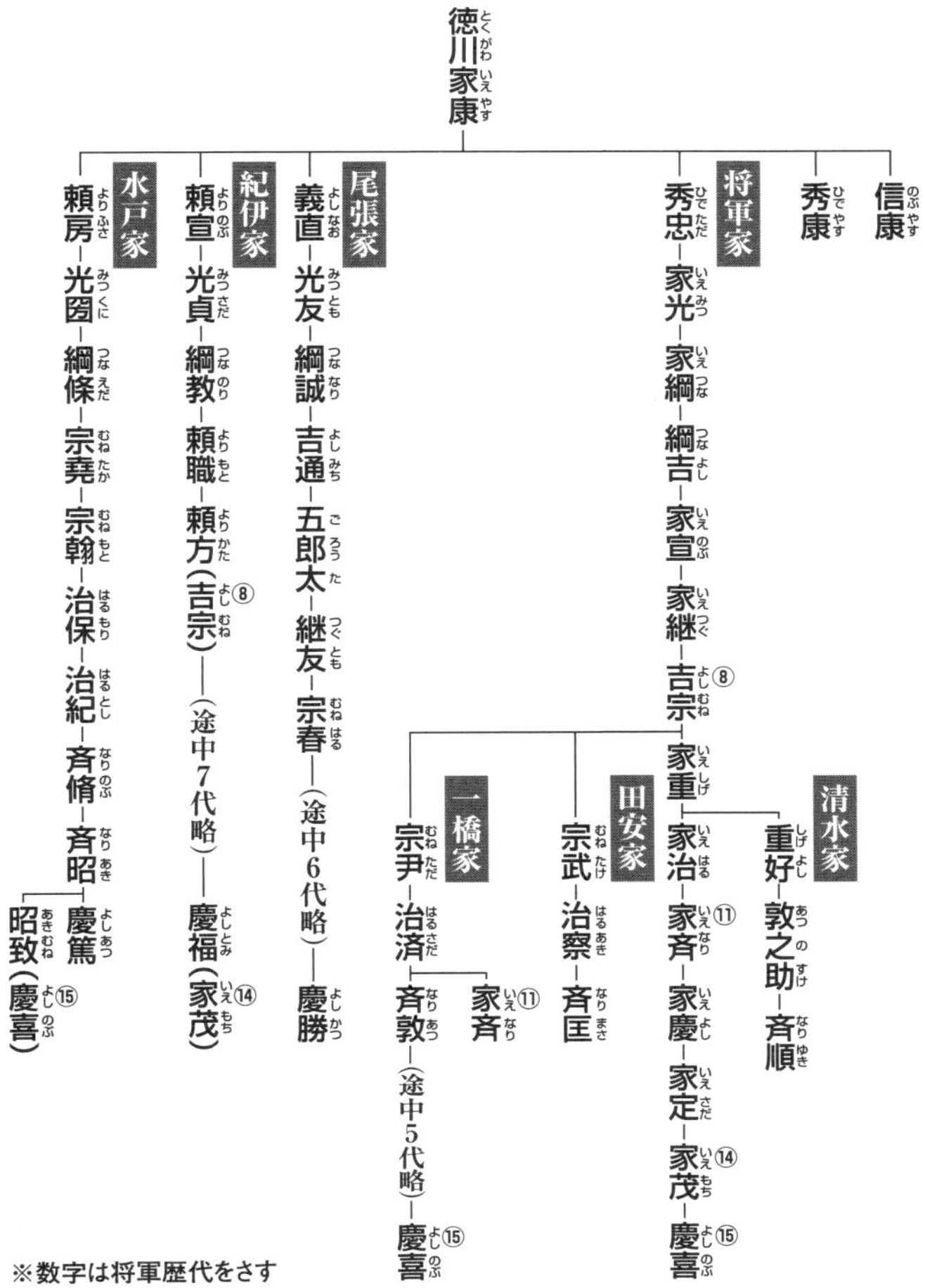

※数字は将軍歴代をさす

没落するのも、豊臣《とよとみ》家が地上から消え去るのも自分の目で見ているのである。だから御三家も作ったし、将来再び「関ヶ原」が起こった時のことも考えなかったはずはない。ましてや東西両軍に味方するという手法自体は、家康自身戦った関ヶ原で、真田《さなだ》家などが使っている。その結果、真田家は大名として江戸時代まで生き残ったのだから、家康がそれを参考にしないはずがないのである。

この密命があったことを示す、もう一つの証拠は、家康の孫であった光圀《みつくに》（水戸黄門《こうもん》）が「将軍家は水戸家の親戚頭《しんせきがしら》に過ぎぬ。われわれの主人は天皇家だ」という意味の言葉を残していることだ。江戸初期の話である。大名が「われわれの本当の主人は天皇家だ」などと言ったらとりつぶされていただろう。にもかかわらず、水戸家はなぜOKなのか？そういう暗黙のルールがあったと考えるのが自然だろう。

しかし、家康にも「想定外」のことが起こった。それを実行したのは「名君」といわれる8代将軍吉宗《よしむね》である。紀伊《きい》徳川家の出身である吉宗のライバルが尾張《おわり》徳川家であった。そして吉宗は将軍になると御三卿《ごさんきょう》を設立した。これは御三家にならって将軍の血筋を絶やさないための「保険」と一般的には言われているが、私は「尾張つぶし」と見ている。なぜなら御三卿（吉宗が作ったのは厳密には二卿〈一橋《ひとつばし》・田安《たやす》〉だが）はすべて吉宗の血筋で固められているからだ。紀伊家と御三卿で「紀伊系」は4つになったのに尾張系はそのままだから「4対1」だ。やはり「尾張つぶし」以外の何物でもないと思う。ところが、幕末、今度は吉宗の「想定外」のことが起こった。後継ぎのいなくなった一橋家が水戸家から養子を迎えたのである。それが慶喜だ。慶喜の母は実は皇族（有栖川宮吉子《ありすがわのみやよしこ》女王）であり、慶喜は子供の頃《ころ》から父斉昭《なりあき》に「われわれの主人は天皇家だぞ」と教えられていた。つまり家康のルールからいえば慶喜は絶対に将軍にしてはいけない人物だったのだ。それが一橋家にいったん養子に入ったため、「水戸家出身」の経歴がリセットされ、有力な将軍候補になってしまったのだ。そもそも吉宗が悪い。私利私欲で御三卿など作るから、こういう結果になったのである。

江戸城無血開城――官軍の牙《きば》を抜いた勝海舟《かつかいしゅう》の名案

戦争とは何か?

もっとも単純な定義は「武力による争い」ということだろうが、その前提として「争い」の原因が無ければ戦争は起こらない。「領土欲」であったり「国益」であったり「改革の方向性」であったりするのだが、逆に言えば「争い」が「話し合い」で解決するなら、「武力による争い」すなわち戦争には発展しないはずだ。だから戦争というものは、すべてではないが「話し合い決裂の結果」であることも多いのである。

江戸城無血開城という日本史の重大事件は、こういう常識の中で考えなければいけない。「無血」という言葉は重い。もし、この開城が成功していなかったら、当然「戦争」になり江戸城下は市街戦の戦場となり、兵士のみならず150万人の江戸市民の生命財産が危機にさらされていただろう。

では、そもそもの争いの原因は何だったのか？　それは欧米列強に負けない日本を作るために誰が主導権を持つべきか、幕府か、それとも朝廷をかつぎ出した薩摩《さつま》・長州《ちょうしゅう》・土佐《とさ》などの雄藩連合か、という問題なのである。

　薩摩・長州はあくまで幕府を滅ぼし将軍の首を取ってこそ、新しい世ができると思っていた。「首を取る」というと誇張に聞こえるかもしれないが、既に述べたように、薩摩の暗躍で出されたという倒幕の密勅《みっちょく》（幕府を倒せという内容の天皇の秘密命令書）には「(15代将軍の）徳川慶喜《よしのぶ》を殄戮《てんりく》せよ」とある。「殄戮」とは「ぶち殺す」ことである。

　だが同じ「雄藩」の中でも土佐藩はそこまでやる必要はないと考えていた。では、戦争以外の手段でこの「主導権争い」をどのように解決すべきか？　そこで土佐出身の志士坂本龍馬《さかもとりょうま》が出したの

事件の概要

慶応《けいおう》4年（1868）、鳥羽《とば》・伏見《ふしみ》の戦いで旧幕府軍が敗れると、慶喜《よしのぶ》追討令を掲げた東征《とうせい》軍が江戸《えど》を目指して進攻を開始する。そんな中、慶喜は陸軍総裁勝海舟《かつかいしゅう》の意見をいれて、2月12日、上野寛永寺《かんえいじ》に蟄《ちっ》居恭順《きょきょうじゅん》した。勝海舟は、万一事に及べば勝算はあるが、徳川《とくがわ》からは決して戦争を仕掛けないという大義を貫こうとしていたのである。

　その勝の呼びかけに応じ、3月13日から14日にかけて、東征大総督府《とうせいだいそうとくふ》の参謀《さんぼうさい》西郷隆盛《ごうたかもり》との会談が実現した。東征軍が江戸城へと迫る中、西郷の決断により、江戸城総攻撃は中止され、戦争の回避と、慶喜の助命、徳川宗家《そうけ》の存続が約束された。そして4月11日、江戸城の無血開城が平和裡《り》に行なわれたのである。

が「大政奉還《たいせいほうかん》」というアイデアだった。幕府（将軍家）がまず大政（日本の統治権）を朝廷（天皇家）に返却してしまえばいいではないか、そうすれば将軍も一大名になるから大名会議のメンバーとして新しい政権にも参加できる。一方、薩長はコブシのふりおろしどころが無くなる、という戦争回避の名案であった。そしてこれは実現する。当然、薩長は不満である。そんな中この立役者である坂本龍馬が暗殺され、薩長は幕府を挑発し鳥羽《とば》・伏見《ふしみ》の戦いが起こった。総司令官徳川慶喜は朝敵《ちょうてき》（天皇家の敵）となることを恐れ大坂城《おおさかじょう》を捨てて江戸へ逃げ帰ったため、戦いは「官軍」である薩長の勝利に終わる。

しかし、薩長はあくまで幕府を滅ぼすことを戦争目的として、江戸城にせまった。

ここで登場したのが、幕臣勝海舟である。そもそも大政奉還という名案も、坂本龍馬の師であった勝海舟が原案を考えていたのではないかという説があるが（私もそう考えている）、勝が慶喜の支持のもとに、この時実行しようとしたことは「江戸城を明け渡してしまえば、官軍もコブシのふりおろしどころが無くなり江戸が戦場になることは避けられる」という、いわば大政奉還のミニ版であった。

これが実行可能な人物は勝しかいなかった。勝は幕臣でありながら常に「日本」という大きな視点を失うことなく行動していた。敵軍の大将の一人である西郷隆盛《さいごうたかもり》とも肝胆相照《かんたんあい》らした仲であり、長州の人々とも深く交わっていた。幕府によって作られた神戸の海軍操

東征軍の進攻ルートと徳川慶喜の退却ルート

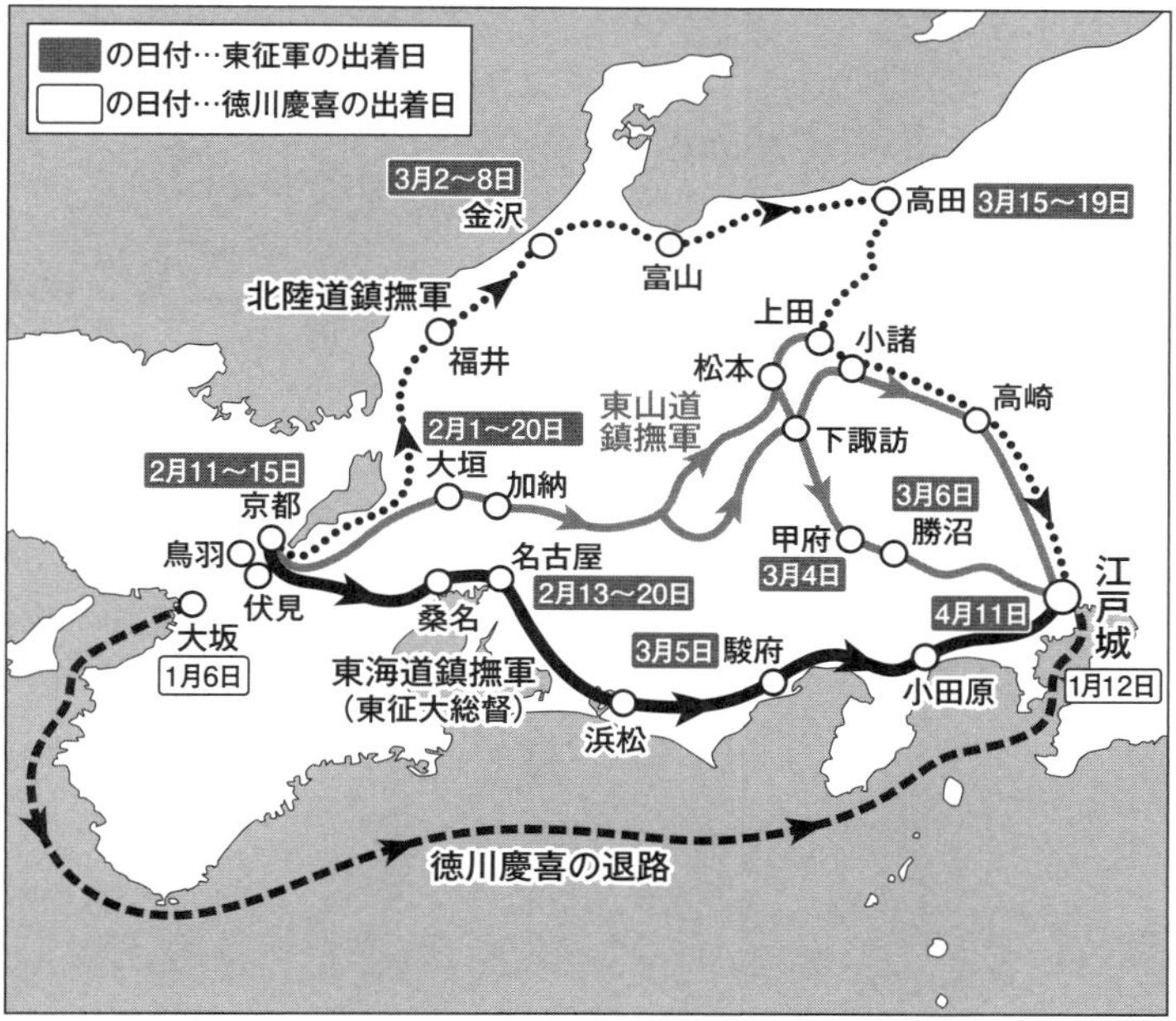

慶応4年（1868）1月6日、鳥羽・伏見での敗報を聞いた徳川慶喜は、ひそかに大坂を脱出して、翌7日には海路江戸へと向かった。一方、慶喜追討令が出されると、東征軍は江戸を目指して進軍を開始。東征大総督有栖《ありす》川《がわ》宮《のみや》熾仁《たるひと》親王は、3月5日、駿府城へ入り、翌日の参謀会議で江戸城総攻撃を3月15日と決定した。東山道を進む新政府軍は、勝沼《かつぬま》で近藤《こんどう》勇《いさみ》率いる甲陽鎮撫隊《こうようちんぶたい》を潰走させ、3月13日には江戸に入る。こうした緊張状態のなか、3月13日から14日にかけて行われた西郷隆盛と勝海舟の会談により、ぎりぎりのところで江戸総攻撃は回避された。

練所の所長であった時代には、幕臣よりも諸藩の優秀な若者をどしどし入学させた。ちなみに塾頭（生徒総代）は土佐脱藩の坂本龍馬であった。

「江戸城を明け渡すから（一切抵抗しないから）攻めるのはやめてくれ」。これが勝の「和平案」である。これを敵本営にいる西郷に示し、受け入れさせなければならない。

幸いにも勝には強い味方がいた。天璋院《てんしょういん》である。天璋院は本名近衛敬子《このえすみこ》だが、生まれは薩摩の島津《しまづ》の分家であった。そこから本家の当主島津斉彬《なりあきら》の養子島津篤子《あつこ》（篤姫）となり、さらに第13代将軍家定《いえさだ》の継室《けいしつ》（正室が亡くなった後の正妻、いわゆる後妻）となった。継室とはいえ御台所《みだいどころ》である。御台所が外様《とざま》大名の家の出身ではまずいということで、いったん近衛家の養女となって将軍家へ輿入《こしい》れしたのだ。不幸なことに二人の間に子は生まれず、家定がまもなく世を去ったために、未亡人となった彼女は落飾して天璋院となった。だが、実家には戻らず江戸にとどまっていた。あくまで自分は「将軍家の人間」だという立場を貫いていたのである。

西郷隆盛はこの天璋院の義父島津斉彬を生涯の恩人としていた。低い身分から取り立ててくれたのも、薩摩藩を代表する人物に育て上げてくれたのも斉彬だった。その斉彬の「娘」である天璋院からも「江戸城の件はよろしく」という取りなしがあったに違いない。

もっとも勝もなかなかの曲者で、もし西郷があくまでNOといえば、江戸市民を避難させたうえで官軍を焼き討ちにする準備をしていた。そして、このことを官軍側にわかるように手配りしていたフシがある。つまり、もし江戸を攻めたら官軍に多大の犠牲者が出るぞ、という脅しである。また、薩摩藩が幕府を挑発するために行った「無差別テロ」の犯人益満《ますみつ》休《きゅう》之《の》助《すけ》を処刑から救い、西郷との連絡の「カード」としても使った。とにかく勝と西郷がいなければ無血開城は不可能だったことは確実である。

隠れた主役　佐賀《さが》藩

明治維新に活躍した「雄藩《ゆうはん》」の代表を、普通「薩長土肥《さっちょうとひ》」という。薩摩《さつま》・長州《ちょうしゅう》・土佐《とさ》・肥前《ひぜん》である。

あなたはこのことに不審を抱いたことはないか？　つまり肥前(佐賀)藩の存在だ。「あれ、明治維新に佐賀藩って貢献したっけ？」という疑問である。

もちろん、佐賀出身者は怒るだろう。大隈重信《おおくましげのぶ》（後の総理大臣、早稲田《わせだ》大学創立者）や江藤新平《えとうしんぺい》（司法卿《きょう》、佐賀の乱の首謀者）、それに何よりも幕末四賢侯の一人といわれた鍋島《なべしま》閑叟《かんそう》を忘れてもらっちゃ困ると叫ぶかもしれない。

しかし、薩摩の西郷隆盛《さいごうたかもり》、大久保利通《おおくぼとしみち》、長州の桂小五郎《かつらこごろう》（木戸孝允《きどたかよし》）、高杉晋作《たかすぎしんさく》、土佐の坂本龍馬《さかもとりょうま》、中岡慎太郎《なかおかしんたろう》に比べると、彼等は地味であるし、大隈、江藤らが目立つ働きをしたのは、むしろ維新後だ。

たとえば、新撰組《しんせんぐみ》の池田屋《いけだや》襲撃のきっかけとなった、倒幕勤王派が策していたクーデターに佐賀藩士は一人も参加していないし、薩長同盟に加わったわけでもない。それなのになぜ「薩長土肥」なのか？

まず、佐賀藩が最後の最後、つまり上野戦争直前で官軍に加わったことがある。しかし、実は「バスに乗り遅れるな」と、こうした流れに参加したのは佐賀藩だけではない。むしろ、会津《あいづ》藩など東北諸藩を除くほとんどの藩がこの流れに乗った。あの大老井伊直弼《いいなおすけ》を出した彦根《ひこね》藩までそうだったというのだから、あとは推して知るべしだろう。つまり、ギリギリになって官軍に味方しただけなら「その他大勢」の扱いであって、「薩長土肥」にはならない。

実は佐賀藩は、ヨーロッパの小国並みの近代化

戦いの概要

鳥羽《とば》・伏見《ふしみ》の戦いで旧幕府軍が敗れると、前将軍徳川慶喜《とくがわよしのぶ》は朝敵《ちょうてき》となった。慶喜を主君と仰ぐ一橋《ひとつばし》家臣はこれに憤慨し、慶喜の名誉回復を期して彰義隊《しょうぎたい》を結成、上野《うえの》寛永寺《かんえいじ》を屯所《とんじょ》とした。やがて数千に膨れ上がった彰義隊は、新政府軍への抵抗姿勢を鮮明にしていく。

一方、江戸《えど》城に本営を置く新政府軍は、軍備不足から彰義隊討伐に踏み切れなかった。業を煮やした京の新政府首脳は、長州《ちょうしゅう》藩の大村益次郎《おおむらますじろう》を派遣する。

慶応《けいおう》4年（1868）5月15日の早暁、大村の主導の下、新政府軍は総攻撃を開始した。当初、一進一退の攻防が繰り広げられたが、新政府方の薩摩《さつま》軍による活躍などもあり、やがて彰義隊は潰走《かいそう》、上野戦争はわずか一日で終結した。

を成し遂げ、最も強力な火力を持った藩だったのである。近代化というと薩摩藩の方が有名だが、薩摩は島津斉彬《しまづなりあきら》から久光《ひさみつ》に実権が移った時に逆コースに入ったうえに、薩英戦争（P.126参照）で、せっかく斉彬が整備した近代工場群を破壊されてしまった。脇目《わきめ》もふらずに近代化・工業化に努め、その結果、最強の武装「国家」になっていたのは薩摩ではなく佐賀だったのである。

作家司馬遼太郎は短編小説『アームストロング砲』において、当時、世界（日本だけではなく）最新鋭の武器だったアームストロング砲（最も進歩した大砲）を佐賀藩が製造、保有し、そして上野戦争で使用されたことが勝敗を決めたと断じている。実際、上野の彰義隊《しょうぎたい》はたった一日しか保《も》たなかった。

最近では、このアームストロング砲の威力に疑問符をつけ、上野が一日で陥落したのは軍事の天才大村益次郎《おおむらますじろう》（長州藩）の手腕による、という見方が有力になってきたが、それでも佐賀藩が官軍に加わったことによって、官軍の火力が飛躍的に向上したことは間違いない。だからこそ官軍は東北諸藩との戦いを極めて有利に進めることができ、会津鶴ヶ城《つるがじょう》も開城させることができた。それゆえ薩長土肥なのである。

では、なぜ佐賀藩はそんなに近代化されていたのか？　実は藩の別名でもある「肥前(国)」にその原因が隠されている。

肥前国は現代の佐賀県ばかりではなく、長崎県も含まれていた。江戸時代、長崎は海外貿易が唯一認められていた港で、オランダ商館があった。ところがヨーロッパでイギリスとオランダが戦争状態になった時、長崎港へイギリスの軍艦が突然、不法侵入してきた。戦争なら「不法」とはいえないと思うかもしれないが、その軍艦フェートン号はオランダの国旗を揚げておいて、自国の船だと思って近づいてきたオランダ商館員を人質に取り、幕府に薪水《しんすい》（マキ〈燃料〉と水）を要求するという、極めて汚い手段を使ったのである。この「黒船《くろふね》」はペリーと違って蒸気船ではなかったが、強力な武装をしており、戦国時代から一歩も進歩していない日本の大砲は彼等にカスリ傷一つつけられなかった。結局、幕府から派遣されていた長崎奉行松平康英《まつだいらやすひで》は、イギリスの要求に従った後、責任を取って切腹した。

実はこの時、長崎の防備を幕府から命ぜられていたのが佐賀藩鍋島家であった。イギリスに大恥をかかされた佐賀藩は、幕府からも叱責《しっせき》された。しかし「武器を改良してはいけない」ということになっていたのは幕府の意向である。現実に江戸中期、地方の藩が大砲の改良などしていたら「反逆の意図あり」ということで、とりつぶしの対象になっていただろう。そういう態度でいながら、幕府は佐賀藩を「役立たず」と罵倒《ばとう》したのである。若き藩主鍋島直正《なおまさ》（後の閑叟）は怒った。「今に見ておれ」である。幸い長崎は自領のようなものだ。多数の留学生を送り、藩の近代化を促進した「明治維新」はまず佐賀で始まったのである。

幕府もこうなると、佐賀藩に「そんなことはやめろ」とは言えない。様々な制約がある幕府に比べて、佐賀藩の近代化は一歩も二歩も先んじた。そして、閑叟が壮年を過ぎた頃には、技術的には日本一の「近代国家」になっていたのだ。

ところで、フェートン号事件まで日本は、薪水を求める外国船に人道的に接していたが、これ以後、強硬姿勢にかわった。一方、アメリカという国はイギリスとは違って、日本と友好関係を持つことを目的として最初に民間船（モリソン号）を送ったが、フェートン号の後だったので力づくで追い払われてしまった。そこで、怒ったアメリカは強硬派のペリーを司令長官とした艦隊を送ることにした。

フェートン号事件の後世への影響は、われわれの印象よりはるかに大きかったのである。

武士の意地と義務

河井継之助《かわいつぎのすけ》については毀誉褒貶《きよほうへん》がある。

平たく言えば、褒《ほ》める人もいれば批判する人もいて、他の英雄のように評価が一定しないということだ。

というのは、やはり戦いの行きがかりとはいいながら、本拠の長岡《ながおか》を焦土《しょうど》と化した責任が問われるからだろう。

これは結局、何のための戦争だったのかという疑問にもつながっている。

ここで私が思い出すのは（いや、私だけではあるまい）、「鳥羽《とば》・伏見《ふしみ》の戦い」を回避し、「江《え》戸《ど》城無血開城」を実現させた徳川慶喜《とくがわよしのぶ》の身の処《しょ》し方《かた》である。

継之助と慶喜は、歴史的にいわば対称的な位置にいる。

継之助は武士の意地を通した代わりに、本拠地を灰にし批判を浴びた。一方、慶喜は武士の意地を通さなかったことに激しい批判を受けたが、その結果江戸は焦土にならず多くの人命が救われた。

私は、慶喜の方が損をしていると思う。人命というのは重い。しかし、それを救っても、実は多くの場合報《むく》われないことが多いのだ。

江戸城が「無血開城」しなかったら、どれぐらいの人命が失われていただろうか？

当時の江戸は百万都市だから、そこが主戦場になれば、少なくとも数千人の死者と数万の被災者が出ただろう。死者には家族・親戚・知人がいるから恨《うら》みの声はその数十倍に上る、それが慶喜に集中したはずだ。

慶喜は（もちろん慶喜一人の力ではないが）それを救ったのである。

だが、救われた人間は、まず感謝しないものなのだ。

「江戸決戦」が行なわれたら数千人死んでいたはずだと言われても、人間は、江戸市民ですら、それが自分だとは思わない、いや思いたくない。直接命を救われたのなら、いくらでも感謝するが、「こうなっていたら、あなたやあなたの家族は死んでたかもしれませんよ」といくら言っても、日本人は特にそういう「縁起の悪い言葉」は受け付けないので、まったく感謝されないことになる。

そして、武士という人種はさらに厄介《やっかい》だ。通常なら命を助けてくれた人には感謝する。

だが彼等は、場合によっては「われらになぜ死に場所（名誉ある死）を与えてくれなかったのか」と怒り恨む。間尺《ましゃく》に合わないこと、この上ないが、武士とはそういうものなのである。

かくして、慶喜を褒める人はあまりいない。

歴史家ですら「起こらなかった事態」つまり、「江戸が焦土と化す」「何千人も死ぬ」ということは考えない。そのかわりに、「歴史にｉｆ《イフ》はない」という「バカな」考え方をするのである。「歴史ｉｆ」を考えないから、こういうところまで「被害者」が出るというわけだ。

継之助のことを書くべきなのに、なぜ慶喜のことばかり書いているのか、あるいは炯眼《けいがん》な読者はもうおわかりかもしれない。

慶喜は継之助のネガ（陰画）であり、ポジ（陽画）であるからだ。

戦いの概要

慶応《けいおう》4年（1868）の鳥羽《とば》・伏見《ふしみ》の戦いに端を発した戊辰《ぼしん》戦争の火種は、江戸《えど》城無血開城ののちも消えることはなく、新政府は、親幕府的な東北・北陸の諸藩に対しても強圧的な態度で臨んだ。

一方、佐幕派諸藩は、奥羽越列藩同盟《おううえつれっぱんどうめい》を結成して対抗を図る。これに参加した長《なが》岡《おか》藩を主導したのは、家老・河井継之助《かわいつぎのすけ》である。継之助は当初、会津《あいづ》・庄内《しょうない》藩の征討を掲げる新政府に対し、何とか戦争を回避するため、中立的な立場で両者の仲立ちを申し出た。しかし、新政府の現地代表者は継之助の申し出を退け、立場に窮した長岡藩は、心ならずも新政府軍との対決へとなだれ込む。長岡藩はよく奮戦したが、数にまさる新政府軍の攻勢は続き、ついに新政府軍に降った。

正直言って私は河井継之助という人物をあまり評価していない。少なくとも、徳川慶喜という人物に比べて河井継之助という人物の評価は高過ぎると思っている。

確かに自分の信念に生きることは素晴らしいことであり、人間の生き方として賞賛されるべきことかもしれない。

しかし、武士道にしろ陽明学《ようめいがく》にしろ、それは本来弱者を守るべきものであるはずだ。逆に言えば、自身の信念を通すために弱者を苦しめるのは評価できない。

もちろん、不可抗力ということもある。偶然もある。継之助だって、長岡を焦土とすることを望んだわけではあるまい。だが、それが予測できないかといえば出来たはず。徹底抗戦に及べばどんな事態になるか、たとえ「長岡藩の武装中立化」ということが理想であったとしても、その理想を実現するためにどれだけ犠牲を払わねばならないか。犠牲が大きければどこでストップをかけるべきか、あらかじめ決めておいてもよかったのではないか。

大塩《おおしお》の乱で有名な大塩平八郎《へいはちろう》も陽明学の信徒で、民《たみ》を救うために幕府に反旗をひるがえした。この大塩の決起で大坂《おおさか》の一部が焼け野原と化した。家を焼け出されたのは多くは庶民で、大塩が打倒しようとした大商家や武家屋敷はほとんど無事だった。当然、町人の中には焼死者も出た。

しかし、庶民は大塩平八郎を恨まなかった。

むしろ「世直し大明神《だいみょうじん》」、「大塩様」と崇《あが》めた。なぜ、そうなのかといえば、大塩には庶民に対する思いやりがあったからだ。

武士道とは意地を貫くことでもあるが、同時に弱き者を助けることでもあるはずだ。

そういうところで、河井継之助の奮戦は、軍略的にはまことに見事《みごと》だと言えるが、全体的に高い評価を下せるかといえば、そうは言えないというのが、私の考えである。

白虎隊《びゃっこたい》の「悲劇」

白虎隊を武士道の精華として激賞する人もいれば、未来ある少年たちをむざむざ死なせたと酷評する人もいないではない。

確かに若者が犠牲になることは大きな悲劇だが、戦争だから止むを得ないという考え方もある。

まず、問題を整理しよう。

白虎隊は総勢305人（将校含まず。人数には異説あり）いた。そのうち、切腹したのは19人に過ぎない。つまり大多数の少年たち、いや昔は15から大人だから青年といってもいいかもしれないが、死んだのは少数派で後は生き残ったのである。

だから、これは白虎隊のうち出撃した士中《しちゅう》二番隊の悲劇ととらえるべきで、隊全体に対する議論はまた別にする必要があるだろう。

さて、これらの「部隊」の最大の問題は何か？

それは「事実確認」だろう。

会津若松城《わかまつ》は決して落城したわけではない。しかし、城下が焼かれ、その黒煙が城を包んだため、彼等は城は落ち当然主君も切腹したと考えて、腹を切ってしまったのだ。

たとえ、城が落ちようとも主君が先に逝ってしまおうとも、やはり若い命を散らすべきではなかった、という意見もあるかもしれないが、やはり会津松平《まつだいら》家の置かれた歴史的状況を見れば、切腹しても仕方がないと私は思う。ただしあくまで、あの時点で本当に落城していた場合の話だ。

ここからは「死者に鞭《むち》打つ」ことになりかねないので、言いにくいのだが、やはり彼等は未熟だったとしか言いようがない。

城というものはそう簡単に落ちるものではない

戦いの概要

鳥羽《とば》・伏見《ふしみ》の戦いののち、新政府は、前将軍徳川慶喜《とくがわよしのぶ》、会津《あいづ》藩主松平容保《まつだいらかたもり》らを朝敵《ちょうてき》として、追討令を下した。容保は恭順の意を示す一方、軍制改革を行ない、抗戦の準備を進めた。

佐幕派の東北諸藩による奥羽越《おううえつ》列藩同盟が成立すると、新政府軍は怒涛の進撃を開始し、次々に列藩同盟諸藩を降伏させ、ついに会津まで兵を進めた。会津若松《わかまつ》城をめぐる攻防戦は、全国の兵力を動員した新政府軍と孤立無援となった会津藩との戦争であり、兵力・兵器の差は歴然としていた。白虎隊《びゃっこたい》をはじめ、女性や子供、老人に多くの犠牲を出しながらも、会津兵はよく奮戦したが、明治1年（1868）9月22日、城門前に「降伏」と大書された白旗が立てられ、戦いは終わった。

し、ましてや炎上するものでもない。日本の城は戦国時代の木造に柿渋《かきしぶ》を塗った「黒い城」から、漆喰《しっくい》（石灰）で固めた「白い城」になった時、格段に燃えにくくなっている。中に火を放たれれば別だが、外壁はそう簡単には燃えない。会津藩は武術の盛んなところだったから、彼等にもそれぐらいの知識はあったはずだ。それに、よく観察すれば「城は燃えていない」ということもわかったはずである――。

こう言うと熱狂的な白虎隊ファンには「何を言う。彼等は何時間も戦って疲労の極にあった。冷静な判断など出来るはずが無い。安全な場所にいて後知恵を出すなら誰《だれ》でも出来る！」と罵倒《ばとう》されそうだ。しかし、その通りで、実は問題はここにある。

戦場あるいは戦争で一番大切なことの一つに「判断」があることは、たとえ誰であろうと認めざるを得ないだろう。「攻める」のも「守る」のも、「降服する」のも一つの判断である。だから戦争に勝つのは、あるいは勝たないまでも犠牲者を少なくするためには、冷静な判断というものが絶対に必要なのである。

それゆえ、いやしくも戦争をやろうとする者ならば、最高司令官でも戦場の部隊長でも、必ずそれが出来るように努力すべきであり、逆に言えばそういう環境を整えるのが司令部の責任なのである。

切腹した「白虎隊員」には責任はない。たとえ、彼等のリーダーであってもそうだ。彼

会津若松城下の戦い

慶応4年（1868）8月23日早朝、会津に攻め寄せた新政府軍は、会津若松城下へと続く戸《と》ノ口原《くちはら》へ進軍した。出陣を命じられた白虎士中二番隊の隊士たちは、戸ノ口原で新政府軍に対して必死に応戦する。しかし、やがて成人将校とはぐれて孤立した隊士たちは、城に戻ろうと飯盛《いいもり》山へ逃れた。その時、黒煙に包まれる会津若松城を見た隊士たちは、城が炎上しているものと早合点し、若い命を散らせてしまう。一方、新政府軍が城下へなだれこむと、滝沢本陣《たきざわほんじん》の松平容保は城内へと退却し、籠城戦がはじまる。女性のみの娘子《じょうし》軍が城外へ出撃して政府軍を相手に奮戦するなど、会津軍も意地をみせるが、小田《おだ》山に据えられた新政府軍の大砲が火を噴くと、城内に籠城する会津軍の間に死傷者が続出した。

等は実戦経験の無い「新兵」なのである。だから必ず古兵《ベテラン》の指揮官が付き添っていなければならない。

「海軍」で考えてみればよくわかる。「新兵」だけを乗せた船を出帆させるなどということは、訓練ならいざ知らず実戦では絶対に有り得ない。平時の登山隊ですら、新人ばかりで「アタック」はさせない。そんなことをすれば無駄に死なせることが火を見るより明らかだからだ。「新兵」には必ずベテランの指揮者が付き添うべきだ。それが出来ないなら前線に出すべきではない。

「いや、そんなこと言ったって、そもそも絶対的な兵力不足だったし、指揮官がちゃんと付き添っていた。ただ不運にもはぐれてしまったのだ」という反論は当然あるだろう。それは確かに事実だ。しかし、前途有望な少年たちが死ななくてもいい状況で死んでしまったことも、冷厳なる事実である。

その責任をもし問うとすれば、やはり「はぐれた」指揮官のそれだろう。そして、そうした人間を任命した最高司令官にも責任はある。

明治35年（1902）、日本陸軍はあの悪名高い「八甲田山《はっこうださん》雪中行軍」を強行し、多くの兵士を犠牲にした。

実は、この時は「指揮官」が多過ぎて、俗に言う「船頭多くして舟山に登る」状態となり、大部隊が遭難してしまったのだが、確かに指揮官が複数つまり予備もいれば絶対にいいということではない。

しかし、常に「人数不足」を訴え、非人間的と批判があった帝国陸軍ですら、大隊ごとに指揮班というものがあり、少なくとも「新兵」が「前線」にとまどうような事態は極力避けていたことも事実なのである。

私も、彼等の武士としての行動は尊重したいと思っている。

しかし、それと同じくらい重要なことは、どんな戦争であれ、貴重な教訓を引き出すことは出来るし、それを引き出してこそ犠牲者の霊も浮かばれるということだ。

だからこそ、こうした分析が必要なのである。

榎本武揚《えのもとたけあき》の勝算

一般的イメージとしては、榎本武揚の「蝦夷《えぞ》島共和国」は「見果てぬ夢」、つまり初めから失敗に終わる運命だった、と思っている人が多いだろう。

北海道の一角の箱館（函館）で、わずか数千の兵力で、「日本」を敵として戦おうというのだから、壮挙というよりは無謀な試みと思っている人の方が多いのではないか。

しかし、私は総司令官の榎本武揚には、それなりの勝算はあったと思っている。

その理由だが、北海道が補給能力を持った一つの島であったことだ。

なにしろ、敵は「日本」である。動員できる兵力は数十万あるだろう。ただし、そのほとんどは陸軍である。ここがポイントだ。

本州から北海道へは「橋」はない。船で渡るしかない。ということは、新政府軍の兵士は必ず津軽《つがる》海峡を渡らねばならない。

もちろん、船舶の動員力も新政府軍の方が圧倒的に優れている。それは事実なのだが、問題は戦艦だ。

戦艦の護衛なしに、ただ輸送船に何万人もの兵士を乗せて上陸させようとしても、幕府海軍の戦艦のエジキになるだけだ。

そして、幕府海軍は、いや「共和国海軍」は、脱走当時は日本最強の戦艦群を持っていた。

しかも、幕府がアメリカから買いつけた、当時、最強の戦艦「ストーンウォール号」(直訳すれば「石の壁号」、日本ではこれを「甲鉄《こうてつ》艦」と呼んだ)も、間もなく手に入る予定であった。榎本は、当然「甲鉄艦」を手に入れたら、旗艦《きかん》を開陽《かいよう》丸からこれに変更し、津軽海峡の守りに投入しただろう。

つまり、津軽海峡の制海権は、東アジア最強の「共和国海軍」が握ることになるのである。

戦いの概要

鳥羽《とば》・伏見《ふしみ》での敗戦後、徳川《とくがわ》家の石高は大きく削られ、多くの幕臣が禄を失った。旧幕府海軍総裁の榎本武揚《えのもとたけあき》は、徳川遺臣のための蝦夷地《えぞち》（北海道）開拓という大義を掲げ、慶応《けいおう》4年（1868）8月19日、品川《しながわ》沖から旗艦・開陽《かいよう》丸で北航。途中、旧幕府軍の精鋭部隊などを吸収し、約3000人が蝦夷地に向かった。

蝦夷上陸後、旧幕府軍は五稜郭《ごりょうかく》に入城し、選挙によって総裁に榎本が定まった。榎本は諸外国に局外中立を求めて外交努力を尽くすが、新政府軍の攻勢でしだいに孤立を深める。翌明治2年4月、ついに新政府軍は総攻撃を開始、海からの猛攻により旧幕府軍は大きな打撃を受け、5月18日、五稜郭を明け渡す。この箱館《はこだて》戦争をもって、戊辰《ぼしん》戦争は終結した。

陸に兵士が何人いても、当時は空軍はないのだから、北海道に渡るには船しかない。しかし、既に述べたように、敵艦隊ががっちり固めているところへ丸腰の輸送船を出しても、兵士を犬死にさせるだけだ。敵艦隊を撃破しなければ箱館を攻めることは不可能だが、榎本の思い通りのプランが実現していたら、「共和国」はもう少し長持ちしただろう。そうすれば「政権」として承認する国が出てくるかもしれない。特に、イギリスと対立していたフランスなら、その可能性は大いにある。薩摩《さつま》・長州《ちょうしゅう》と深い交わりを結んだイギリスに対して、フランスは常に幕府を支援していた。それに「共和国軍」にもフランス軍事顧問団から脱走したブリュネ大尉らがいる。彼等はフランスとのパイプ役になるはずであった——。

なぜ、この榎本構想はうまく行かなかったのか。

最大の誤算は、幕府の金で買いつけた甲鉄艦がアメリカによって新政府に引き渡されてしまったことだ。このマイナスは非常に大きい。

さらに、誤算は重なる。

「共和国軍」艦隊の旗艦で、最強の戦艦でもある開陽丸が嵐に巻き込まれ座礁し、沈没してしまったのだ。

そして、次の誤算は、甲鉄艦を奪取しようとした宮古《みやこ》湾海戦に敗れたことだろう。

これは不運でもあった。

敵はまったく攻撃など予想していなかった。すなわち敵の虚を突くことは成功した。しかし、味方の回天《かいてん》の機関が不調で、甲鉄艦にうまく接舷《せつげん》することができなかった。海賊のように船から船へ飛び移って、敵の乗員を斬《き》り殺し艦を奪うという作戦が、うまくいかなかったのである。

このたび重なる誤算のために、ついに「共和国海軍」は津軽海峡の制海権を失った。こうなれば新政府軍の思い通りだ。兵士も物資もピストン輸送で津軽海峡を渡しても、邪魔する者は誰もいない。

榎本は無念だったろう。箱館を選んだのはこの地が守りやすいということに加えて、開国によって国際貿易港になっていたことがある。戦争をやるのも政権を運営するのも、先立つものはカネであり物資だ。それが無ければ、いくら守りやすい場所でも長持ちはしない。

この点、箱館は理想の地だったのだ。

だから榎本の行動は決して無謀ではなく、勝算はあった、と見るのが妥当だと思う。

ただし、歴史の上からの結論でいえば、榎本の試みは失敗してよかったと、私は思っている。最後の将軍徳川慶喜《とくがわよしのぶ》が大政奉還、江戸城無血開城を決断した大きな理由の一つに、この「内乱」に外国勢力を巻き込むことによる拡大を恐れたことがある。

この決断は貴いと思う。もちろん「戦わずして屈した」わけだから、榎本がそれに不満を抱いたのも理解できるし、新政府は決して幕府の人々に対して「公平」でなかったのも事実だ。

しかし、それでも榎本の「壮挙」が成功していたら、何よりもフランスの介入を招き、国土が外国勢力の代理戦争の場になる危険性もあった。もちろん榎本もそうならないように注意はしただろうが、人間「背に腹は代えられない」のも事実だ。最悪の場合、「北海道」と「日本」が別の国になった可能性すらある。

榎本は負けてよかった、のである。

第七章　幕末維新

其の3

最後の内乱と列強への雄飛

佐賀《さが》の乱という「ミステリー」

佐賀の乱、秋月《あきづき》の乱など、いわゆる「不平士族の反乱」と呼ばれているものに対し、一般の人々があまり認識していない部分がある。

それは、この反乱の動機は、単に特権階級である武士が帯刀の権利などを失うことへの不平不満だけでなく、当時の政府の腐敗堕落への激しい怒りがあったという事実である。

確かに明治維新政府という新政府は、日本の歴史上数ある政権の中でも、極めて有能なものであった。江戸《えど》時代という停滞の時代で、世界の文明に３００年近く遅れてしまった日本を、短期間に近代化させたのだから。黒船《くろふね》が来航した時(１８５３年)、ただの一隻も蒸気船のなかった国が、わずか50年で、世界最大のロシアのバルチック艦隊を撃破した（日本海海戦）ほどの近代海軍を建設したのである。この一例を見ても、明治政府がいかに有能だったかわかるだろう。

だが、明治も10年を数える頃までは、その果実だけをむさぼり食おうとした、まさに貪官汚吏《たんかんおり》というべき連中が政府部内にいたのも事実だ。

山城屋和助《やましろやわすけ》という元武士（野村三千三《のむらみちぞう》）は長州《ちょうしゅう》出身で同じ長州の山県有朋《やまがたありとも》が陸軍の大立者になったことをいいことに、長州閥に取り入り、なんと陸軍の公金を65万円も使い込んだ。これは当時の国家予算の1パーセントにあたるというから、今なら数千億円になる。

当然、山城屋の背後には甘い汁を吸った政府高官がいたに違いないが、結局陸軍からは誰一人刑務所にいかなかった。

山城屋は、彼等にとって都合のいいことに、すべての証拠を処分し、陸軍省内で「割腹自殺《かっぷくじさつ》」してくれたのである。

だから真相は闇《やみ》に葬られた。

反乱の概要

明治政府の進める近代化政策によって、士族たちは次々と特権を奪われ、政府の中枢で栄達を遂げたひと握りの者たちへの不満、批判が募っていった。

明治6年（1873）、「征韓論《せいかんろん》」をめぐる政府内部の対立で、西郷隆盛《さいごうたかもり》、江藤新平《えとうしんぺい》などの政府首脳が下野《げや》するという事件が起こる。これをきっかけに、不平士族たちは政権を去った大物を担いで反政府行動に出ようとする。

明治7年（1874）、まず江藤新平を首領として佐賀《さが》の不平士族が反旗を翻《ひるがえ》した。佐賀の乱である。政府はこれを鎮圧し、江藤は斬首に処された。その後も、前原一誠《まえばらいっせい》による萩《はぎ》の乱など、不平士族による反乱は続く。その火種は、のちに西南《せいなん》戦争という国内最後の内戦となって爆発する。

これに対して、真相がはっきりしているのが尾去沢《おさりざわ》鉱山事件である。

これも長州人の井上馨《いのうえかおる》が政府で出世したのをいいことに、民間商人の村井茂兵衛《むらいもへえ》を陥《おとしい》れて、現在なら時価数百億の尾去沢鉱山を奪い取った事件である。

村井は善意の人でもあった。貧困で悩む南部《なんぶ》藩のために多額の金を貸しつけていたからだ。しかし、その証文は江戸時代の「武士が町人風情《ふぜい》に借財するのはみっともない」という風潮によって、「村井が藩から借りた」という文面になっていた。もっとも、そうであっても、「藩の方が借りている」というのは暗黙の了解だったのだが、明治になると井上は「貸した金を返せ」と村井の財産である尾去沢鉱山を没収してしまった。それでも「公金」のカタに取ったのだから、井上個人のものでは無いはずだが、井上はここに「従四位井上馨所有」という高札を建てる始末である。

余りのことに村井は激怒し政府に訴えた。

その訴訟を受理したのが、初代司法卿《しほうきょう》の江藤新平《えとうしんぺい》だったのである。

山城屋和助事件の時は「大魚」を逃した江藤は今度こそはと張り切って、井上を逮捕しようとしたが、長州閥から圧力がかかって断念せざるを得なかった。

そうこうするうちに、井上らにとっては実に都合のいいことに、「征韓論《せいかんろん》」が起こり、これに同調した江藤は、西郷隆盛《さいごうたかもり》らと共に官を辞し下野《げや》してしまったのだ。

そして、佐賀の乱という「ミステリー」が起こる。実は、江藤は初めは乱の首謀者であったのではない。それどころか、佐賀出身の大立者として乱を起こそうとしている人々を説得し、やめさせるためにおもむいたのだ。

ところが、現地に行ってみると、乱が起ころうと起こるまいと、「不平士族」を討つのが政府の方針だという。やむを得ず、江藤は乱に加わることになった。つまり、仲間を見捨てるわけにはいかない義侠心が江藤の動機であって、反乱を企てたのではなかったのである。

それでも反乱軍は善戦した。

武器の優劣、補給の多寡《たか》を考えれば大善戦である。

しかし、日本全土を敵に回しては勝てない。

ここで、もともと反乱の首謀者である島義勇《しまよしたけ》は、一時は「潔く」散る道を選んだ。逮捕されれば死刑は確実だったからだ。

これに対して江藤は結局逮捕される道を選んだ。命が惜しかったというより、裁判に持ち込むことによって、政府の悪を追及しようと考えたのである。

ところが、何ということだろう。

裁判らしい裁判は行なわれず、わずか2日の審理で死刑判決が下り、ただちに執行された。しかも、それは斬首《ざんしゅ》のうえ梟首《きょうしゅ》（首をさらすこと）という、江戸時代に逆戻りしたような極刑でもあった。

こうして彼等「貪官汚吏」は生き延びた。彼等は斬首どころか逮捕すらされなかった。後に西郷隆盛が西南《せいなん》戦争を起こしたことも、こうしたことへの強い怒りが動機の一つとしてあったことは間違いあるまい。

ちなみに国民作家司馬遼太郎は、

「江藤や西郷の霊も、浮かばれなかったとはいえない。この乱による衝撃がどうやら官員たちを粛然とさせたらしく、その後明治がおわるまで、ほとんど汚職事件というものはなかった。」(『この国のかたち 二』文藝春秋刊）と言っている。

西南《せいなん》戦争

陸路を北上した熊本《くまもと》城攻め──勝つつもりがなかった西郷《さいごう》の決断

西南戦争における作戦上の最大の失敗は、熊本城を攻めたことである。

西郷隆盛《たかもり》がなぜ「乱」を起こしたのか？

それは今でも謎《なぞ》の部分が多いといえよう。ただひとつ明確なのは、当時の明治政府の政策に不満があり、それを糺《ただ》すための挙兵であったということだ。

ならば一刻も早く東京を目指すべきであって、熊本城（鎮台《ちんだい》）などにかかわっている場合ではない。

敢《あ》えて好意的に解釈するなら、城を落とすことによって戦果を喧伝《けんでん》し、全国に反政府の機運を盛り上げようとしたのかもしれないが、その点でも逆効果であった。城の守りは固く、結局西郷軍は撤退することになったからだ。

熊本城というのは加藤清正《かとうきよまさ》の築いた名城である。しかし、加藤家は江戸《えど》時代初期にとりつぶされ、この城の主が外様《とざま》大名ながら徳川《とくがわ》家と親しい細川《ほそかわ》家になってから、この城の戦略的地位は大きく変った。清正が築城した時はひょっとしたら豊臣秀頼《とよとみひでより》を招いて幕府との一戦も辞さないという心構えが、清正の少なくとも頭の中にはあったと考えられる。しかし、幕府と親しい細川家の持ち城になってからは、明らかに薩摩《さつま》藩島津《しまづ》家の押さえとして、この城は位置づけられていた。幕府は関ヶ原《せきがはら》の「負け組」である薩摩藩や長州《ちょうしゅう》藩が反乱を起こすことを警戒していた。九州から本州へ渡る小倉《こくら》城は常に譜代《ふだい》大名に任せ、中国路でも広島《ひろしま》城、姫路《ひめじ》城といった大城郭《だいじょうかく》は幕府に忠実な大名を配した。また、大坂城は直轄《ちょっかつ》とし、名古屋《なごや》城は御三家の尾張《おわり》徳川家に守らせたのも、関東の入り口である小田原《おだわら》城に譜代大名を配したのも、すべて薩長《さっちょう》連合が江戸へ攻めてくるのを防ぐためである。

実際、徳川家康《いえやす》が危惧《きぐ》した通り、薩長連合は江戸に攻めてきた。では、なぜ「熊本城の戦い」や「姫路城の戦い」は起こらなかったのか？　錦の御旗《みはた》（官軍）の威力で戦わずして薩長の軍門に下った藩がいくつもあったのは事実だが、根本的な理由は実は「黒船《くろふね》」である。黒船（外国船）とは、産業革命の申し子である汽船（蒸気船）でもあった。強大なエンジンを持ち、それまでの木造帆船《はんせん》とは比較にならないほど、多数の兵士、巨大な大砲を運ぶことができる。

おわかりだろうか、実は徳川家康の「薩長防止策」には大前提がある。それは「敵はすべて陸路で来る」ということだ。汽船の無い時代の常識はそうだったのである。しかし、幕末にはその常識はまったく崩れた——。

こう考えてくると、西郷軍の取った作戦つまり熊本城攻めが、いかに愚策だったかわかるだろう。明治10年(1877)の話なのである。汽船をチャーターすれば一気に東京を目指せるのだ。もちろん西郷軍は軍艦を持っていないから、東京湾で待ち伏せにあえば全滅の危険はある。しかし、ならば横浜でも静岡にでも上陸すればいい。この時代レーダーは無い。これより28年もあとの日露《にちろ》戦争で、日本海軍がロシアのバルチック艦隊を洋上で発見するのにどれくらい苦労したかを思えば、当時の日本海軍の監視の目をすりぬけるくらいは簡単なことだ。

だから、この西郷軍の行動を知った、元「勤王《きんのう》

戦いの概要

「征韓論《せいかんろん》」をめぐって大久保利通《おおくぼとしみち》、岩倉具視《いわくらともみ》らと対立した西郷隆盛《さいごうたかもり》は、明治6年(1873)、参議《さんぎ》の職を辞して下野《げや》した。鹿児島に帰った西郷は、青年育成を目的として鹿児島に私学校を設立。やがて鹿児島は、私学校を中心とした独立国家の様相を呈するようになる。

こうした状況を危険視した政府は、明治10年(1877)1月、鹿児島に船を派遣。私学校の生徒たちとの間で紛争が発生する。西郷は私学校の生徒に担がれて挙兵せざるを得なくなり、2月、熊本城(鎮台《ちんだい》)に向けて薩軍《さつ》が出発した。

薩軍は熊本城(鎮台)を落とせず、その後も劣勢が続く。鹿児島の城山《しろやま》にたてこもった西郷は、9月24日、政府軍の総攻撃を受けて自刃した。

の志士《しし》」で、後に自由民権運動で有名になる土佐《とさ》の板垣退助《いたがきたいすけ》は「ああ、西郷、兵を知らず」と嘆いたという。

しかし、そんなはずはないのだ。西郷隆盛という男は、勤王の志士の中でも指折りの軍略家であった。西郷がこんな初歩的なミスを犯すことは、まったく考えられないことなのである。作戦を立案したのは部下だとしても、それを最終的に採用するのは総大将（明治だから総司令官というべきかもしれないが、この言葉の方がふさわしいと思う）である西郷隆盛その人である。

だから、やはり西郷の決断によって熊本城攻撃は行なわれたと考えるべきだ。

では、なぜこんな愚策を取ったのだろう。

考えられることは一つしかない。

それは、勝つつもりがなかったということだ。

西郷は確かに現状に不満であり激しい怒りを持っていたと思う。それは間違いない。武士という存在を日本から消してしまうこと（四民平等、廃刀令等）。そして、命懸けで作った新政府が腐敗堕落の道を進んでいること。政府の外交政策に対する不満も勿論《もちろん》あっただろう。

だが、だからといって、自分が勝てば、曲がりなりにも誕生した新生日本をつぶしてしまうことになる。それは本当に正しいことなのか。西郷は自問自答したに違いない。

そして、その結果、自分は腐敗堕落した新政府の人々に、もう一度目を覚《さま》させるため、犠牲となるべきだと考えたのではないかと思う。つまり諫死《かんし》である。

新しい時代のために、若者たちも含めた人々の不平不満を自分が全部背負い込むことによって、一つの清算をなそうとしたのではないか。

「江戸城無血開城」の同志であった、元幕臣勝海舟《かつかいしゅう》は、西郷の死を悼《いた》んで薩摩琵琶《びわ》の琵琶歌「城山《しろやま》」を作った。

「わが身一つを打ち捨てて、若殿原《わかとのばら》に報いなん」、その「城山」の一節である。

日清戦争の意義

日本は未《いま》だに「過去の戦争はすべて悪」という「罪悪感史観」から抜け切れないところがある。

こうなった理由の第一は、やはり戦争に負けたことだろう。戦争に負け、すべての自信を喪失したところへ占領軍（アメリカ軍）が「日本がすべてすべて悪い」という教育を強制した。

その最大の「教育」が東京裁判（極東国際軍事裁判）であろう。事後法つまり「後出しジャンケン」のように「戦争犯罪法」を作り、これで日本人を断罪したことは法律学の常識からみてもまったく不当であったし、その事後法（たとえば人道に対する罪）を日本だけに適用し、アメリカの原爆投下などは初めから裁きの対象にしなかったという不公平さも、この裁判が欠陥裁判であることの何よりの証拠だろう。

もちろん念のためだが「日本のやったことはすべて正しい」などと主張するつもりは毛頭ない。しかし「逆もまた真なり」で、「日本のやったことがすべて悪い」などということも同じく有り得ないということを納得して頂きたいのだ。戦争を国と国との「喧嘩《けんか》」と考えれば、「喧嘩両成敗《りょうせいばい》」という古い格言《かくげん》（？）が示すように、そういうことは有り得ないのだ、ということがわかるはずだ。

そして、戦争の意義というものも、すべての戦争とは言わないが、多くの戦争に認められることも事実だ。「そんなことはない、戦争はすべて悪で、意義などない」というのは、あまりにも極端な見方、まさに偏見《へんけん》であろう。

たとえば、アメリカを例に取れば、イラク戦争は確かに意義を認めがたい戦争だが、イギリスからの独立戦争はどうか。イギリスは武力にかけて

戦いの概要

日清《にっしん》戦争は、明治27年（1894）7月から翌明治28年4月にかけて、日本と清（中国）との間で起きた戦争である。当時、長らく政治の混迷が続く朝鮮国内の政争に介入した日清両国の対立は、しだいに深刻さを増した。そして、明治27年2月に勃発した朝鮮の内乱を機に派兵に及んだ日清両国間で軍事衝突が発生。やがて本格的な戦争へと発展する。

この戦いは、陸では朝鮮半島と遼東《りょうとう》半島が主戦場となり、山県有朋《やまがたありとも》は第1軍司令官として海を渡った。そして海上では、伊東祐亨《いとうゆうこう》が指揮する連合艦隊と清の北洋《ほくよう》艦隊との間で海戦が繰り広げられた。戦いは、終始局地戦を優勢に進めた日本軍の勝利に終わり、明治28年4月、下関《しものせき》条約が締結されて講和が成立した。

も、つまり言い方を換えれば反抗する者は皆殺しにしても、アメリカが植民地から独立国家になることを許そうとしなかった。だから武力と武力の争いすなわち戦争になったのである。アメリカ人は自由と人間としての尊厳を求めて戦った。もし、これをも「戦争は絶対的な悪」として否定するなら、武力を持って人間の尊厳を踏みにじる者に対しては、人はすべて屈服して服従することが正しいということになる。こんなバカな話は無いはず。特に日本にはこういう「戦争絶対否定論者」が多いが、そこまでちゃんと論理的に考えているのかどうか、私はいつも疑問に思う。

さて、そういう視点でみれば、日清戦争における日本の勝利には大いに意義があった。それは、紀元前から続いていた中国（世界の中心たる帝国）の覇権《はけん》を終わらせ、アジア全体の近代化への道を開いたことである。

中国という大国が、古代から近代に至るまで、アジアを代表する、まさに「世界の中心の国」であったことは、まぎれもない事実である。

たとえば古代日本の王者たちは、中国に使者を送り自分の支配権を認めてもらっていたし、明朝《みんちょう》において鄭和《ていわ》の大船隊は世界の海を席巻《せっけん》した。その軍事力においても生産力においても、この時点で中国（明）は世界一の国家だったといっても過言ではあるまい。ところが、この明朝をピークに中国は衰えはじめる。私は中国が衰えた最大の原因は朱子学《しゅしがく》だと思っているが、そのあまりに自己中心的で排他的な「宗教」は、中国をして外国から学ぶという心を失わせた。いわば「世界一」の上にあぐらをかいて長い眠りに入ったのである。この間、ヨーロッパでは産業革命が起こり、彼等は「列強」となってアジア、アフリカの植民地化に乗り出したのだが、本来「アジアの盟主」であるべき中国は、この事態にも眠りこけ、ついには新時代の代表であるイギリスに「アヘン戦争」でも痛めつけられるが、ここに至ってすら「西洋の技術」は取り入れようとしても、国全体を近代化して彼等に対抗しようとは夢にも考えなかった。

それは何故《なぜ》か？

「中国は世界一」だからである。だから朝鮮王国などのアジアにおける中国の周辺国家も、何事も中国の言う通りにしていればいいということになる。

つまり中国体制が続く限りは、民主主義も近代的資本主義も、男女平等も職業選択の自由も、人権擁護も、アジアでは何一つ実現しないことになる。「世界一の中国」ですら行なわれていないことを「周辺国家」が行なうわけにはいかないからだ。

それゆえ、もしこの中華体制が永遠に続いていたら、つまり中国が「アジアの盟主」の座から引きずりおろされなかったら、われわれアジアの民は、まちがいなくインドのようにまとめてヨーロッパ勢力の植民地にされていただろう。

それを防いだのは日本である。いちはやく近代化の必要を認め、近代化を実行し、日清戦争に勝つことによって、中国の政治力を排除させた。朝鮮はこの戦争に日本が勝利したことによって、初めて中国から独立国として認められたのである（それは下関《しものせき》講和条約の第一条冒頭に明記されている）。日本は後に朝鮮の独立を奪ったので、現在の韓国などでは日清戦争等を「日本のアジア侵略の第一歩」と位置づけているが、それは結果から見ての強弁で、この勝利によって朝鮮が独立国家になったのはまぎれもない事実である。そして、清国自体も日本に敗れたことで初めて「近代化」すなわち「外国に学ばねばならない」と気付いた。これも日清戦争の大きな意義の一つであろう。

乃木《のぎ》大将は名将か愚将か？

海軍大将（のちに元帥《げんすい》）東郷平八郎《とうごうへいはちろう》は名将だったが、陸軍大将の乃木希典《まれすけ》は愚将であるという評価がある。いや、既《すで》に定着しているといっていい。

国民作家司馬遼太郎が小説『坂の上の雲』で展開した評価が、「乃木愚将、東郷名将」論を決定づけた。

「東郷名将論」には異存は無い。確かに東郷は幸運にも恵まれていた。しかし司馬遼太郎も指摘しているように、海相山本権兵衛《やまもとごんべえ》が閑職にあった東郷を連合艦隊司令長官に任命したのは「東郷にはツキがある」からであった。

名将とは「ツイている男」のことを言うのである。

では「乃木愚将論」のほうはどうか？

『坂の上の雲』で展開される「乃木愚将論」の根拠は、旅順《りょじゅん》要塞の攻防戦における乃木の戦法である。

旅順要塞の攻撃目的は、旅順湾内に閉じ込められたロシア艦隊（太平洋艦隊）を砲撃して撃沈するポイントを確保するにあった。それが有名な２０３高地である。ところが乃木はその戦略上の重要性を理解せず、まず要塞自体を正面攻撃して攻略することに固執した。しかも、その戦法は火砲を軽視し歩兵の突撃を重視した拙劣なもので、このため多くの兵士が犬死にすることになった――これが『坂の上の雲』に描かれた乃木の姿である。

しかし、最近、この見解に真っ向から異を唱える人々が現われた。たとえば『「坂の上の雲」に隠された歴史の真実』（主婦の友社刊）の著者で歴史学者の福井雄三氏である。

福井氏によれば、乃木の取った戦略・戦術は極めて妥当なものだという。

まず、味方の火砲で敵を叩《たた》いた後に、歩兵が突撃するのは戦法の常道であって、苦戦したのは敵要塞が堅固なのに対し日本側が慢性的な砲弾不足であったからだという。

６万人もの死傷者（うち戦死者1万５０００人）を出したというが、日露戦争の約10年後に起こった第一次世界大戦のフランスのベルダン要塞攻防戦では、攻撃側のドイツ、守備側のフランス両軍合わせて26万人もの戦死者を出している。要塞攻撃にはもともと大量の戦死者を覚悟しなければならないもので、実際、この旅順攻撃は第一次世界大戦に参戦することになる多くの国々の武官が観戦していたが、ベルダン要塞攻防戦も含めて乃木の戦法と同じ戦法を取っている。乃木の戦法が特に拙劣であったわけではない。

では、203高地を当初から攻撃目標にしなかったことはどうか？　これも、ここだけを狙《ねら》って落としたところで、要塞の主要部分が手つかずであっては、すぐに奪還されてしまい何の意味もない。最終的に203高地が落ちたのは乃木司令部の要塞攻撃が奏功《そうこう》して敵の防衛力が下落していたからだ。つまり全体的な戦略面でも乃木司令部の判断に特に誤りはなかったというのである。

この件については歴史研究家の別宮暖朗《べつみやだんろう》氏も、福井氏とほぼ同時期に発表した『「坂の上の雲」では分からない旅順攻防戦』（並木書房刊／PHP文庫収録にあたって『旅順攻防戦の真実』に改題）で、乃木司令部は無能ではなかったという意見を述べている。

戦いの概要

日露《にちろ》戦争は、明治37年（1904）2月から翌年9月までの約1年半にわたり繰り広げられた、大日本帝国とロシア帝国との戦争である。主戦場となったのは、朝鮮半島と、当時ロシアの支配下にあった満州《まんしゅう》（中国東北部）だった。これらの地を舞台に、長期間の要塞攻防戦や大軍が激突する会戦、洋上では戦艦同士の艦隊決戦が繰り広げられた。従来の戦争とは比較にならない物量を投じての戦いは、未曾有《みぞう》の消耗戦となった。

開戦1年が経過する頃《ころ》には、日本は既に国力の限界に達していた。一方のロシアも、たび重なる苦戦が伝えられると国内に動揺が走り、革命の気運が高まる。結局、満州進出の機会をうかがうアメリカの仲介で講和がなされた。

『坂の上の雲』に描かれた旅順攻防戦の最大の問題点は、第3軍司令部（乃木司令部）が攻めあぐねていたところ、児玉源太郎《こだまげんたろう》満州軍総参謀長が駆けつけて、203高地に目標変更したところ、わずか4日で攻略に成功したという「伝説」である。

確かに203高地は児玉が現地到着後4日で陥落した。だが、それは『坂の上の雲』にあるように児玉が現地のスタッフを叱《しか》り飛ばして（？）方針変更させたのが原因でなく、既に第3軍がその奮闘によってロシア側を追い詰めていたからだとするのが、むしろ妥当ではないか。実は児玉の積極的な関与を示す史料はいまだに見付かっていないのである。

私も司馬遼太郎と同じく作家であり、同じようにフィクションとノンフィクションを書き分けているが、この『坂の上の雲』はあくまで小説（フィクション）として書かれている。「小説家」としての経験で言うと、小説は善玉悪玉をきっちり書き分けた方がわかりやすく、面白くなるという利点がある。ＮＨＫの昨今の大河ドラマでもおわかりのように、「その年の主人公」は美化され、対立した武将などは悪人に描かれる。「ドラマ」というのはそういうもので、そうしなければ面白くすることができないのだが、だからこそ歴史（ノンフィクション）を書く者は「小説的手法」を使ってはならない。この『坂の上の雲』は最初から「小説」の形を取っているのだから、実はどんなフィクション（虚構）を盛り込もうと

旅順要塞砲台配置図

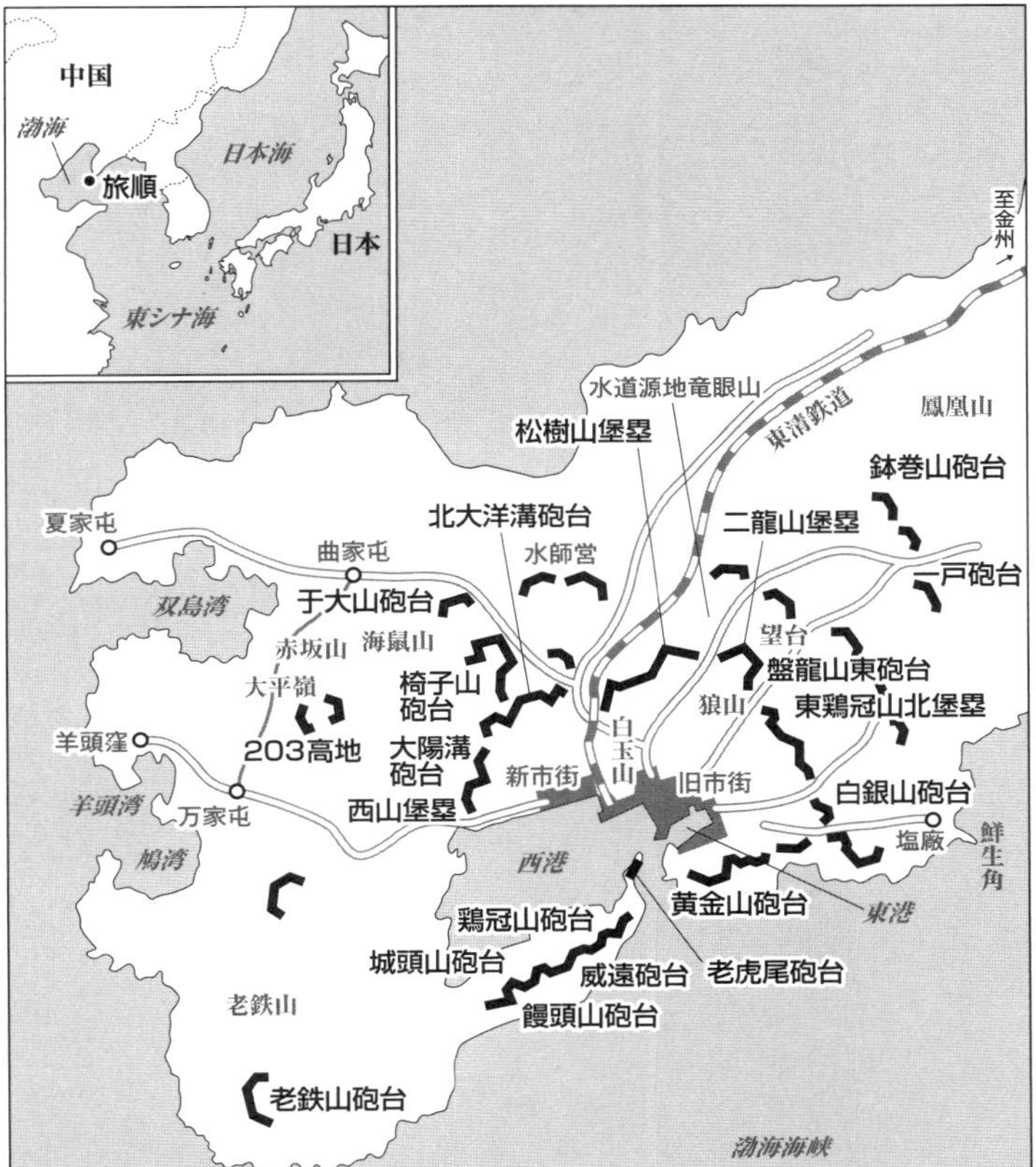

旅順は、遼東半島先端部にある軍港都市である。戦略上重要だったこの地に、ロシア側は多数の堡塁《ほうるい》（要塞施設）や砲台を築いて守りを固めた。明治37年（1904）8月以降、日本軍はこれらロシア側の拠点に対して力攻めを繰り返し、多数の死傷者を出したが、攻略するには至らなかった。しかし、12月になって日本軍が203高地を奪取すると、戦況は日本軍有利にかたむき、年が明けた1月1日、ロシア側が降伏。旅順は陥落した。

作者の自由なのである。だからむしろ読者の方がこうした点に留意して読むべきなのだ。もちろん、歴史小説の価値は「歴史の面白さ」を伝えるところにあるのだから、こうした作品の存在意義はいささかも減殺《げんさい》されるものではない。

もしベルダン要塞攻防戦の方が先だったら、どうだったか？　乃木は「少ない戦死者」で攻略に成功（ベルダンにおけるドイツ軍は失敗）した名将と讃《たた》えられただろう。それまで日本は近代戦でこれほど多数の戦死者を出したことが無かった。いわば初めての経験なので、ことさらに乃木が悪く言われたのではないか。

第八章　番外編

隠れた主役たちの戦乱

「戦争経験者」としての聖徳太子《しょうとくたいし》

聖徳太子というと、日本人が思い浮かべるイメージは、まず「平和の人」であろう。「和《やわらか》なるを以《もっ》て貴《とうと》しとし……」で始まる十七条憲法は、日本人の根本精神を今も定義しているといっていい。

実は、日本の歴史教育の欠陥部分とこれまで何度も述べてきたが、ここも実はそうなのだ。というのは、日本人に「十七条憲法を知っているか？」と質問すれば、大方の人が「知っている」と答えるからだ。

大変失礼な言い方になるが、それは「知ってるつもり」であって、ほとんどの人は実は「知らない」といってもいいと思う。しかしそれは「あなた」の責任ではない。歴史教育が悪いのだ。なぜなら十七条憲法の第一条は「和なるを以て貴しとし、忤《さか》ふること無きを宗《むね》とせよ」で終わりではないからだ。おそらく9割以上の日本人が第一条はこれで終わりだと思い込んでいる。実は省略されているだけなのだが、多くの歴史教科書には「以下略」とすら書いていないので、恐るべきことに「この続きがある」ということを知らないで一生を終える人もいる。

このページを開いた人は幸運である。ここで、その続きに触れることができるからだ。第一条から第十七条まで原文は『日本書紀』に載っている。ただし漢文で非常に読みにくいものなので、ここでは現代語訳でお目にかけよう。第一条は実は次のようになっている。

第一条

おたがいの心が和《やわ》らいで協力することが貴いのであって、むやみに反抗することのないようにせよ。それが根本的態度でなければならぬ。ところが人にはそれぞれ党派心があり、大局を

戦いの概要

6世紀なかば、百済《くだら》から仏教が公伝した。その受容をめぐり、崇仏《すうぶつ》派の蘇我《そが》氏と排仏《はいぶつ》派の物部《もののべ》氏が激しく対立する。当初は物部氏が優勢であったが、蘇我馬子《うまこ》の代には、初の蘇我系の用明《ようめい》天皇が即位し、蘇我・物部の立場は逆転した。

物部守屋《もりや》もまた、排仏を主張し、馬子が興隆した仏教を迫害する。用明天皇2年（587）、馬子は、厩戸皇子《うまやど》（聖徳太子《しょうとくたいし》）ら諸皇子と有力豪族の連合軍を編成し、守屋の本拠地河内《かわち》（大阪府）を攻めた。蘇我・物部の決戦である。守屋は力戦したが、ついに力尽きて討たれた。

合戦後の推古《すいこ》天皇の治世では、聖徳太子により冠位十二階《かんいじゅうにかい》の制や十七条憲法《じゅうしちじょうけんぽう》がつくられ、仏教の精神を基調とした日本文化の基層が形づくられていった。

見通している者は少ない。だから主君や父に従わず、あるいは近隣の人びとと争いを起こすようになる。しかしながら、人びとが上も下も和《やわ》らぎ睦《むつ》まじく話し合いができるならば、ことがらはおのずから道理にかない、何ごとも成し遂げられないことはない。(中村元《はじめ》・瀧藤尊教《たきとうそんきょう》訳『日本の名著2　聖徳太子』中央公論新社刊)

つまり、聖徳太子はいきなり平和を説いたのではない。それに至るまでは「争い」があったのである。むしろ、そういう「争い」を経てこそ、何事も「話し合い」で決めなくてはいけないという強い信念が生まれたのだろう。

その信念の形成には、若い頃《ころ》の戦争体験があったと考えるのが、自然な推理と思うが、それこそまさにいわゆる「崇仏論争」いや「宗教戦争」といったらいいか、物部守屋《もりや》と蘇我馬子《うまこ》の血で血を洗う戦いではなかったのか。

この戦争、伝説化されている部分もあるだろうが、物部軍の勢いに押され、危うく負けそうになったというのは真実ではないか。だからこそ聖徳太子は「四天王《してんのう》」に祈り、後に四天王寺を建立したのだろう。仏教にはさまざまな仏がいるが、本来は仏界の守護神（もとは異教の神）を「主役」にした寺は珍しい。それを聖徳太子が建てたということは、やはり本当に厳しい戦いで、太子が思わず「神頼み」ならぬ「仏頼み」になった局面もあったに違いない。物部氏は「もののふ（武士）」の語源ではないかという説もあるほど、武に長じた一族なのである。

しかし、ずっと後世に「鎖国派（国粋派）」が「開国派（国際派）」に敗れたように、日本を東アジアの中で大国として発展させていくためには、仏教という新しい原理をどうしても移入する必要があったのだ。ちょうど戦国時代において鉄砲や火薬を取り入れるために、キリスト教を認めなければいけなかったように。そして、幕末に一度は排除した「キリスト教国」と、黒船《くろふね》や大砲を作るために再び交わりを結ばねばいけなかったように。

しかし、日本人の伝統的考え方では「神道」と「仏教」は争う必要はない。なぜなら共に「人を救う道」であって、方法論の違いがあるだけだからだ。太子が「和なるを以て貴しとなす」、つまり、「和をもっとも大切なこと」としたのは、殺し合わなくとももっと話し合えばよかったではないか、という悲惨な戦争体験から来る、強い後悔の念があったのだ。

この「後悔」は後に実を結ぶ。

神仏習合《しんぶつしゅうごう》というのがそれだ。

日本の神の本体（本地《ほんじ》という）は、もともと仏であって、仮に姿を変えていたに過ぎないという本地垂迹《すいじゃく》説が、日本の「神道」の最もスタンダードな説になり、中世から江戸時代の終わりまでは、神と仏は一つであった。昔は必ず大神社の手前には、その神の本地（本体）である仏をまつる寺があった。逆に古くからの大寺院には、その仏が姿を変えた神をまつる神社があった。たとえば「南無阿弥陀仏《なむあみだぶつ》」と唱えれば誰でも極楽へ迎えてくれる阿弥陀如来《にょらい》は、神道の世界では熊野権現《くまのごんげん》であった。ということは、それがまつられている熊野はこの世の極楽ということになる。だから平安から鎌倉にかけて、あんなに熊野詣《もうで》が流行し、熊野古道が整備されることになったのだ。明治になって国粋主義の強化のために神仏分離令が出るまで、こういう体制は続いていたのだ。これが成立したのは、そもそも太子の十七条憲法あってこそだ。

もっとも、この体制にも悪い所もある。すべてを「話し合い」で決めるということは、ケンカすべき時もケンカせず、慣れ合いの「談合体質」を生む原因ともなるからだ。しかし、太子が良くも悪くも日本の方向性を定めたのは事実であるから、その契機となった蘇我・物部の戦いの日本史における意義は、多くの日本人が考えているより、はるかに大きいのである。

名将の「ツキ」

前にも述べたが、日露戦争の日本海海戦で、史上稀《まれ》に見る大勝利を収めた東郷平八郎《とうごうへいはちろう》提督は、その直前まで閑職にいて退役《たいえき》を待つばかりであった。それを日本の国運をかけた戦いの指揮官（連合艦隊司令長官）に抜擢《ばってき》したのは、ときの海軍大臣山本権兵衛《やまもとごんべえ》であった。驚いた明治天皇がその理由を聞くと、山本は一言「東郷は運のいい男ですから」と答えたという。

戦史をひもとくと、確かに名将と呼ばれるような人間には「運の良さ」、つまり「ツキ」がある。

織田信長《おだのぶなが》の桶狭間《おけはざま》の合戦にしたって、本来あんな情況で勝てるわけがないのだが、「歴史の神」が信長を勝たせたとしか思えない勝利である。

もっとも、この「歴史の神」は極めて気まぐれで残酷でもある。「桶狭間の戦い」という「ツキについた戦い」で天下人の座に進んだ信長は、「本能寺《ほんのうじ》の変」という「ツキに見放された戦い」で明智光秀《あけちみつひで》によって討たれたのだから。

そして、この「歴史の神」の恐ろしさ残酷さ、言葉を換えていえば「名将になるにはいかにツキが必要か」ということを、日本の歴史上最も如実に示しているのが、源 義経《みなもとのよしつね》という武将の生涯だろう。

そもそも、一《いち》の谷《たに》合戦も成功したのは奇跡のような、つまり義経にいかにツキがあったかという話なのだが、それに輪をかけてすごいのが、屋島の合戦であり壇ノ浦の合戦である。

なにしろ源氏は水軍を持っていない。「陸軍」しかないのである。対する平家は、まさに海の民だ。瀬戸内海は彼等の庭のようなものである。

いわば完璧《かんぺき》な「アウェイ」である。現代のサッカーならいくらアウェイといっても、同じグラウンドを使用する。しかし、これらの戦いは「グラウンド」そのものが違うのである。そのまったく不慣れな戦場で大勝利を収めたのだから、大したものではないか。

特に屋島の合戦において、義経は大方の反対を押し切り、大暴風雨の中をわずか150騎で四国へ渡海したという。

通常は3日かかる行程をわずか4時間ほどで渡り切ったというのだ。仮に平家が、出航前の義経の状況を把握していたとしても、そこから計算するなら「渡海には3日かかるし、この嵐では船出は無理だ。となれば義経の攻撃はもっと後になる」という判断をしてしまっただろう。だからこそ不意を突かれた。義経側から言うならば、奇襲は成功したのである。

義経はそれまでろくに船に乗ったこともなかったはずだ。部下の多くもそうであったと思う。にもかかわらず、嵐の中を馬と一緒の渡海に成功したのである。失敗すれば、戦って勝つどころか自滅してしまう。

名将どころか溺死者《できししゃ》になっていたかもしれないのである。

この屋島の合戦は、最終的には騎馬武者による突撃という、義経が最も得意とする戦法が取れた。屋島は島だが、干潮時には陸続きとなるからだ。

戦いの概要

治承《じしょう》4年（1180）4月、後白河法皇《ごしらかわほうおう》の皇子以仁王《もちひとおう》は、全国に打倒平氏《へいし》の令旨《りょうじ》を発した。各地の源氏《げんじ》や在地武士がいっせいに立ち上がる中、源 義経《みなもとのよしつね》は、摂津《せっつ》一《いち》の谷《たに》（兵庫県神戸市）で平氏の大軍を撃破する。しかし、壊滅的な打撃を与えるには至らず、その後も平氏は瀬戸内海の制海権を掌握し続けた。

文治《ぶんじ》1年（1185）2月17日、義経は屋島《やしま》の平氏を討つため、暴風をついてわずか5艘の船で摂津渡辺《わたなべ》（大阪市）から出港した。四国に上陸した義経は、敵の虚をつき、背後から平氏の拠《よ》る屋島を急襲、平氏を海上へ追い落とした。義経は、瀬戸内海を西へ逃れる平氏軍をさらに追撃。3月24日、壇ノ浦《だんのうら》の戦いで、ついに平氏を滅亡させた。

しかし、壇ノ浦の戦いは初めから海の上で、船と船との戦いである。

義経が「水夫を射殺せよ」と命じたのは、それまでにない「名戦術」であり、この点では確かに作戦勝ちであった。平家の方にも、いくつかの作戦ミスがあったとは伝えられるが、それにしても完璧な勝利である。

敵艦隊を完全に撃破し、なおかつ敵の総大将を生け捕りにする——実はこの戦果は、世界海軍史上最も完璧な勝利とも言われる日本海海戦で、前出の東郷平八郎が率いる連合艦隊があげた戦果と、質的にはまったく同じものだ。

だが東郷は練達の海軍軍人つまり海の専門家だが、義経は海に関してはまったくシロウトなのである。

義経は「陸でも名将、海でも名将」なのであって、こんな人物は世界史の中でも滅多にいない。

そして、一の谷はともかく屋島と壇ノ浦という、ふたつの戦いで義経に勝利をもたらしたものは、やはり「ツキ」であろう。そうでなければシロウトがクロウトに勝てるはずがない。

もちろん、念のためだが、「ツキというものは決断力によって生かされる」というのも戦史における重大な教訓である。

そもそも義経が「この嵐では難破する可能性が高い。出航を見合わせよう」とか「やはり平家は海の上の戦いに長じている。ここはしばらく様子を見るか」などと考え、出撃を決断していなかったら、勝利は有り得なかったのだ。

もっとも最近は、特に屋島の合戦については、義経の「一か八か」の奇襲ではなく、もっと戦力を充実させての余裕のある戦いであったという学説も出ているが、やはり義経の真骨頂は、大暴風雨であろうが自分のツキを信じて果断に船出するところにある。『平家物語』にある「逆櫓《さかろ》論争」も義経のこうした長所を語るエピソードだろう。

ところが、その義経が、平家を滅亡させるという「歴史の神の命令」を果たした直後、兄頼朝《よりとも》と対立し、自らの運を開くために、支持者と財宝を積んで大物浦《だいもつうら》(兵庫県尼崎市《あまがさき》)から大船で船出した時、なんとこの船は沖で嵐にあってあっさり沈んでしまうのだ。これがなければ九州・四国を拠点とし義経はもう少し頑張れただろう。しかし、すべてを失った。だからこそ再び奥州藤原《おうしゅうふじわら》氏を頼るしかなくなったのだ。

ちなみに、この嵐を平家の怨霊《おんりょう》の仕業とし、それを調伏《ちょうぶく》する筋の話が、能から歌舞伎《かぶき》にもなった「船弁慶《ふなべんけい》」である。

元寇《げんこう》、日本軍勝利の理由

極意とは何か？　既に述べたように、決して難しいことではないし、口で言うのも簡単である。たとえば株で儲《もう》ける極意とはただ一つ「安く買って、高く売る」ことである。

「何だ、そんなことか」と思われるかもしれないが、どんな「高級」な株の理論でも、結局言っていることはこれに尽きる。ただ、口で言うのは簡単だが、実際に行なうのは極めて難しい。早い話が、それが容易に出来ることなら、誰もが大富豪になっているはずだが、実際には株のプロですら破産することもあるではないか。まことに「言うは易《やす》し、行なうは難《かた》し」という諺《ことわざ》にぴったりなのが、どの分野であれ「極意」というものなのだろう。

では、兵法の極意とは何になるか？　「株必勝法」に比べればはるかに複雑だが、それでもいくつかの「極意」は抽出することができる。

その一つに「敵の長技《ちょうぎ》（得意技《わざ》）を封じ、味方の長技を生かす（局面に持ち込む）」というものがある。これは戦争だけでなく、レスリングや柔道などの格闘技、あるいはサッカーや野球など、「敵」と直接戦うスポーツにも応用できる。たとえばサッカーなら、日本はFW（フォワード）の突進に弱いから防御を固めてこれを封じ、セットプレーなどの得意技で点を取るということになる。もちろん、それが完璧《かんぺき》に出来ていれば今頃日本はワールドカップで優勝しているはずだから、「口で言うのは簡単さ」ということにもなるが、これが一つの「勝つ方法」であることは誰も否定できないだろう。そういうのを「極意」というのだ。

たとえば織田信長《おだのぶなが》も例の「長篠《ながしの》の合戦（設楽原《したらがはら》の戦い）」でこれを成功させている。

武田《たけだ》軍の得意技は言わずと知れた騎兵の突撃、つまり「フォワードの突進」だ。これで味方は大きな打撃を受ける。一方、織田軍の得意技は鉄砲

戦いの概要

元《げん》の皇帝フビライは、中国南部の南宋《なんそう》を滅ぼすため、南宋と密接な関係を持つ日本との通交を図り、使者に国書を託した。鎌倉幕府の執権《しっけん》、北条時宗《ほうじょうときむね》は、この国書を無視し、通交を拒絶する。文永《ぶんえい》11年（1274）、フビライは最初の日本遠征軍を派遣。大船団が対馬《つしま》や九州を襲った。御家人《ごけにん》たちは、大いに苦戦しながらもこれを撃退する（文永の役《えき》）。

その後もフビライは日本に使者を送ったが、時宗は使者を処刑し、各地の御家人を動員して防塁《ぼうるい》（石築地《いしついじ》）を築き、敵の来襲に備えた。元は、弘安《こうあん》4年（1281）、第2回の日本遠征を実行に移す。前回よりもさらなる大軍勢が攻め寄せたが、迎え撃つ御家人たちの戦意は高く、再び元軍を撃退した（弘安の役）。

隊の一斉射撃、いわば静止状態の「セットプレー」だ。しかし、この「セットプレー」は動きの速い相手には使いにくい。そこで、馬防柵《ばぼうさく》を作って相手の突進をとどめ、そこに一斉射撃をかけたのだ。まさに「敵の長技を封じ、味方の長技を生かす」、「極意」そのものである。

では、ここで本題に入ろう。

そもそも元《げん》（モンゴル）軍の得意技とは何か？

それも、まさに騎兵の突撃であった。

日本の「武田騎馬隊」とは実は軍団の一部であり、武田軍の実態は騎兵と歩兵の混成部隊である。しかし、「元軍は最下級の兵士に至るまで馬に乗っている。文字通りの「騎馬軍団」だ。騎兵は近代以前は最強の兵種である。しかも、子供の頃から馬に乗っているモンゴル人は、まさに騎兵になるために生まれてきたような民族だ。だからこそ、同じ騎兵団で対戦したロシアも東ヨーロッパの国々も、呆気《あっけ》なくやられてしまったのだ。

騎兵を効率的に運用するためには「一人一馬」ではいけない。馬は生物だから疲労もするし死ぬこともある。だが、そのたびごとに騎兵を歩兵に格下げしていたのでは、効率的な運用どころか機動力も発揮できない。この点、遊牧民族であるモンゴル人は極めて有利だった。乗り換え用の馬を何頭も持っていたと考えられるからだ。それは遊牧民族であれ

モンゴル帝国の版図

モンゴル帝国（のちの元）は、5代皇帝フビライ・ハーンの時代（13世紀後半）に、中国本土のみならず、南はベトナムから、西はヨーロッパをうかがう、巨大な領土を支配するまでに成長した。フビライの死後、帝国は分裂し、やがて衰退へと向かう。

ばこそであり、たとえばヨーロッパの騎兵団もそう簡単には馬を補充できなかったろう。それもあって、やられてしまったのである。

ところが、元寇の時の元軍つまり日本遠征軍は、騎兵がほとんどいなかったのである。「蒙古《もうこ》襲来《しゅうらい》絵詞《えことば》」を見てもわかるように、元軍で馬に乗っているのは指揮官ぐらいで、あとは歩兵部隊だ。なぜ、元軍は得意技を使わなかったのか？

その主体が降伏した南宋《なんそう》の兵士であったこともあるが、最大の理由は日本と朝鮮半島、中国大陸との間には深い海があるからだ。

仮に日本で3万の騎兵を運用したいとしよう。実は3万というのは日本を攻めるには少な過ぎるのだが、それでも最低9万頭の馬が必要になる。乗り換え用の馬というのは最低2頭は必要だからだ。

これがユーラシア大陸を移動するなら、馬を一緒に走らせればいい。「移動」させればいいのであって「輸送」は必要ない。

しかし、海の上は「輸送」しなければいけない。あの荒れる玄界灘《げんかいなだ》を9万頭の馬を、いやそれが9千頭であっても、昔の技術ではとても無理だ。もう一つ、エサの問題もある。草原を移動するなら必要ないが、海上では膨大なエサがいる。だからこそ、せいぜい指揮官の馬を輸送するぐらいで、あとは歩兵部隊にせざるを得なかったのである。

それに対して日本軍は、武士は馬に乗っている。すなわち騎兵だ。のちに「足軽《あしがる》」と呼ばれるようになる下級の兵士は歩兵だったが、それにしても日本軍の主体は騎兵であり、逆に元軍は歩兵しか使えなかったのである。

つまり、偶然ながら、「敵の長技を封じ、味方の長技を生かす」形になっている。だからこそ勝てたのだ。

日本は守るに有利な国であった。昔の軍歌にあるように「四面海もて囲まれし」国だったからである。中国では、たび重なる遊牧民族の侵入を防ぐために、万里《ばんり》の長城《ちょうじょう》を作らねばならず、それでも結局、元の征服は防げなかった。

この防衛上の優位は、産業革命で強大な戦艦群、つまり黒船《くろふね》が出現するまで続いたのである。

赤坂・千早攻防戦――正成《まさしげ》の勝算

「五百vs二十万」そして「一千vs百万」、これは『太平記』に記されている楠木《くすのき》正成軍と幕府軍の兵数だ。

もちろん誇張があるだろう。特に幕府軍の数はあやしい。「二十万、百万」ではなく「数万、十万」ぐらいが妥当なところだろう。もっとも、戦いにおいて一方が大軍の場合、その人数が水増しされて伝えられるのは、いわば「戦記の常識」でもある。というのは、まず「大軍」の方が「三万なら五万、五万なら七万」と言いたがるからだ。そうすれば敵に対する威嚇《いかく》効果がある。「敵はそんなに多いのか、とても勝ち目はないな」と思わせればしめたものだ。一方、「小勢《こぜい》」の方も「敵は五万と称しているが三万しかいないな」と思っても、実は「訂正」はしないのである。というのは、それで勝てば「わが軍はたった一千の小勢で五万もの大軍を打ち破ったのだ」と自慢できるし、負けても「敵が五万もいたので残念ながら勝てなかった」と釈明できる。つまり小勢の側にとっても、大軍の側の「誇張」は自軍の「名誉」につながる。だから戦いの最中は「敵は五万と称しているが、よく見ると三万しかいないぞ」と叫んで士気を鼓舞するかもしれないが、戦いが終わってしまえば勝っても負けても「敵は五万もいた」と「戦記」には記すわけだ。また、これと同じことだが「敵は強かった」というのも、「戦記」の常識である。勝った場合それは「そんな強敵にオレたちは勝った」という自慢であり、負けた場合は――いや、これは繰り返す必要はないだろう。まあ「兵数」と違って「強弱」については、自軍の優位性を説明するために「敵はお話にならないくらい弱かった（わが軍は無敵だ）」と書く場合もあるが、いずれにせよ「戦記」を書くのは人間であるから、これは歴史学というより心理学の問題な

戦いの概要

元弘《げんこう》1／元徳《げんとく》3年（1331）4月、鎌倉幕府の打倒を目指す後醍醐《ごだいご》天皇の計画が幕府に漏れ、天皇側近は次々と捕まった。8月、内裏《だいり》を脱し、笠置山《かさぎやま》に籠《こも》った後醍醐天皇は、近隣の土豪などに参陣を呼びかける。これに応《こた》えた楠木正成《くすのきまさしげ》は、翌月、下《しも》赤坂《あかさか》城で挙兵した。幕府の鎮圧軍は、笠置山を陥落させて後醍醐天皇を捕らえると、下赤坂城に殺到。しかし、正成は巧みな戦術で幕府軍を悩ませ、落城の危機が迫るとひそかに山中へ逃れた。

元弘2／正慶《しょうけい》1年（1332）11月、行方をくらましていた正成は、上赤坂《かみあかさか》城と千早《ちはや》城に再挙した。幕府はさらなる大軍を派遣。上赤坂城は水源を絶たれて落城したが、千早城に拠《よ》った正成は、奇策を駆使して幕府軍を翻弄《ほんろう》し続けた。

のである。

しかし、赤坂・千早城戦において仮に幕府軍が十万しかいなかったとしても、河内《かわち》の土豪に過ぎない正成の動員能力が一千以下だったというのは現実に近い数字だろうからこれは兵力差でいうと実に「1対100」の戦いなのである。勝算、つまり「勝てる見込み」など、常識で考えたら、あるはずがない。

確かに、正成は「兵法の理」にかなった戦法を取ってはいた。「元寇《げんこう》、日本軍勝利の理由」（P.220）で述べた「敵の長技《ちょうぎ》（得意技）を封じ味方の長技を生かす」である。正規軍である鎌倉武士の最も得意な戦術は「騎馬による突進」だ。だからこの戦法がまったく使えない急峻《きゅうしゅん》な山の上に拠点を築き、河内武士の最も得意な「山岳ゲリラ戦」に持ち込む。楠木党にとって、あのあたりは自分の庭のようなものだ。だから、元弘《げんこう》1／元徳《げんとく》3年（1331）の挙兵の際、赤坂城（下赤坂城）が落ちても脱出でき、また、元弘3／正慶《しょうけい》2年（1333）に千早城を攻められた際も無事だったのである。

それにしても、「1対100」はあまりにも兵数に差があり過ぎる。『三国志』の名軍師諸葛孔明《しょかつこうめい》でも「こういう時は逃げろ」とアドバイスするだろう。しかし、正成は戦った。では無謀な行為なのか？　いや違う、実は、私は正成には勝算があったと思っている。

「1対100」のどこに勝算があると思われるかもしれないが、実はこの数字がポイント

後醍醐天皇と楠木正成をめぐる反幕の動き

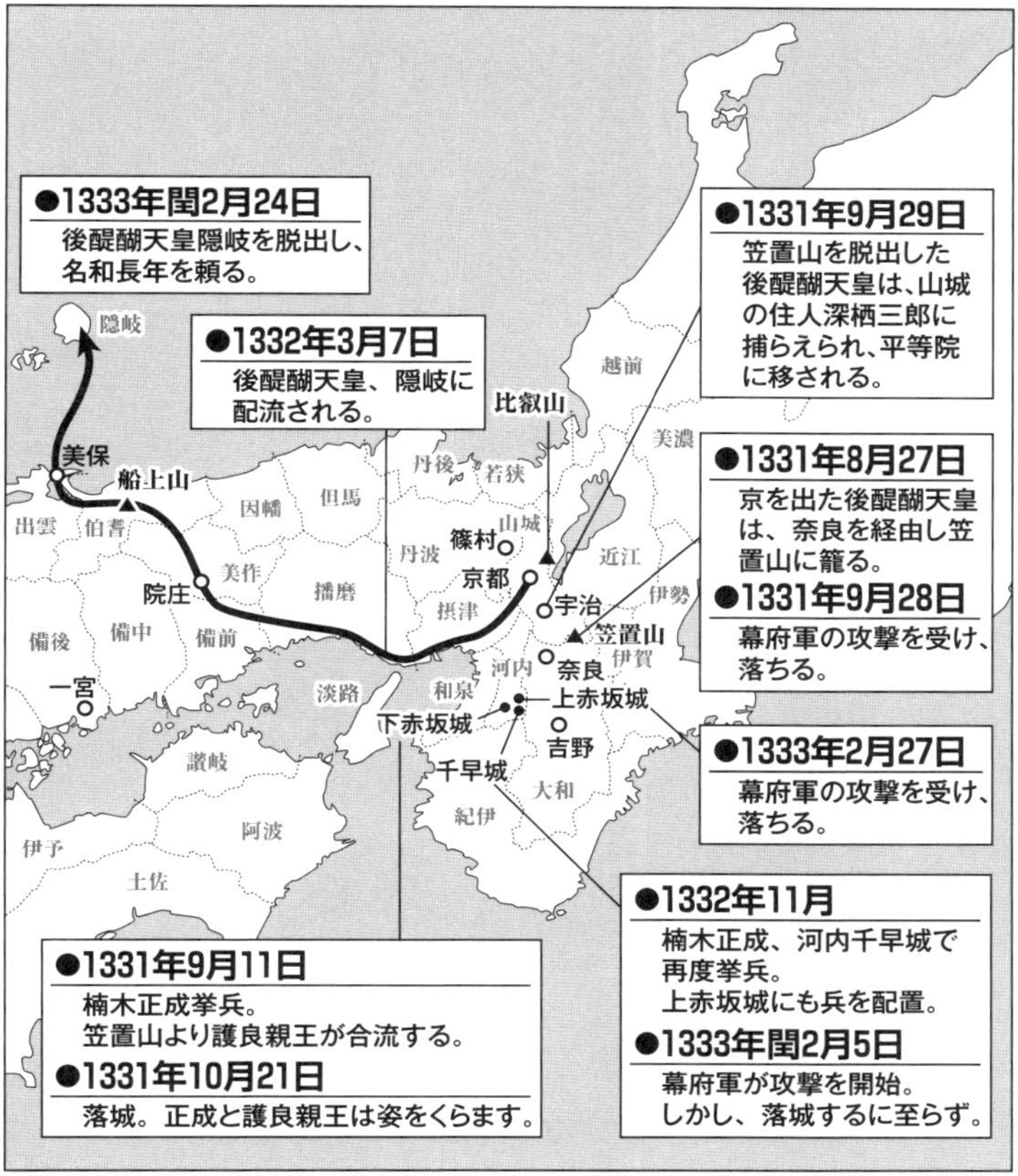
●1333年閏2月24日
後醍醐天皇隠岐を脱出し、
名和長年を頼る。
●1332年3月7日
後醍醐天皇、隠岐に
配流される。
●1331年9月29日
笠置山を脱出した
後醍醐天皇は、山城
の住人深栖三郎に
捕らえられ、平等院
に移される。
●1331年8月27日
京を出た後醍醐天皇
は、奈良を経由し笠
置山に籠る。
●1331年9月28日
幕府軍の攻撃を受け、
落ちる。
●1333年2月27日
幕府軍の攻撃を受け、
落ちる。
●1332年11月
楠木正成、河内千早城で
再度挙兵。
上赤坂城にも兵を配置。
●1333年閏2月5日
幕府軍が攻撃を開始。
しかし、落城するに至らず。
●1331年9月11日
楠木正成挙兵。
笠置山より護良親王が合流する。
●1331年10月21日
落城。正成と護良親王は姿をくらます。
隠岐
美保
船上山
比叡山
越前
美濃
丹後
若狭
但馬
因幡
出雲
伯耆
山城
篠村
丹波
京都
近江
美作
院庄
播磨
宇治
伊勢
摂津
笠置山
備後
備中
備前
河内
奈良
伊賀
一宮
淡路
和泉
上赤坂城
下赤坂城
讃岐
吉野
千早城
大和
紀伊
阿波
伊予
土佐

なのだ。「1対3」や「1対5」ではない。これだけ敵の数が多いと、まったく別の次元の話になるのだ。

結果を把握しておこう。まず、元弘1／元徳3年、赤坂城（下赤坂城）が陥落させられ正成も逃亡した（当初は戦死したと伝えられた）。これは普通なら、「負けた」ということだ。ここでもし味方が一千で敵が五千なら、「正成は5倍もの敵を相手に良く戦ったが結局負けた」という評価になる。ところが味方が一千で敵が十万なら、人は実はこう思うのだ。「100倍もの人数で攻めながら、どうして正成の首をとれなかったのか！」と。現代でも、1人の犯人を数人の警官が追ったが逃げられてしまった、というならまだ納得がいくが、1人の犯人を100人の警官隊が取り囲みながら、逮捕できずにまんまと逃げられてしまったら、どうか？　どんな寛容な人間でも警察を非難するだろう。「何やってるんだ、このバカ」ということだ。もちろん警察の威信は地に落ちる。

楠木軍を囲んでいたのは、鎌倉幕府から正式に派遣された御家人たちである。つまり正規軍であり政府軍だ。これに対して楠木軍はゲリラ部隊に過ぎない。

そして、一番肝心なことは、幕府というのは軍事政権だということだ。軍事力が政権を支えているのである。その中核である精鋭の政府軍が、地方の一ゲリラ部隊を、しかも「1対100」の圧倒的な兵力差がありながら、完全に殲滅《せんめつ》できなかった――これでは鎌倉幕府の権威は地に落ちたも同然である。

そして、それが当初からの楠木正成の戦略だったのだ。軍事政権である鎌倉幕府を倒すためにはあちこちで反乱軍が決起しなければならない。しかし、彼等の頭の中にあるのは「やはり政府軍は強いのではないか」という恐怖である。それを正成は取り除いてやったのだ。昔はマスコミはないし、「幕府軍は弱い、張り子の虎《とら》のようなものだ」と噂《うわさ》を流しても、言葉だけでは人は信じない。この戦いの本質は「宣伝戦」である。「1対100」だからこそ効果がある。それだけ差があると、攻める側は「正成の首」を取らなければ勝ちとはいえない。ならば最初から落城しても逃亡可能な地で戦えばいい——正成の戦略に幕府はまんまとしてやられてしまったのである。

応仁の乱から見た「平和論」

応仁の乱は結局「戦国時代」という、日本の歴史における空前絶後の「戦争の時代」を招いてしまった。

日本人は「平和」を大切にする。今でも、人間として、あるいは国際社会の一員である日本人として、最も大切なものは何か、何を追求すべきかというアンケートを取れば、「平和」という回答がダントツの第一位になることは間違いあるまい。

では、日本人はその平和というものの本質を、どこの国の国民よりも的確に理解しているだろうか?

これも多くの人々は「イエス」と答えるかもしれない。しかし、私の意見はまったく違う。私はむしろ話はまったく逆で、日本人ほど平和の本質を理解していない民族はいないのではないかとすら、思っている。

おそらく今これを読んでいる人々の多くは「そんなバカなことがあるか！」と思っているに違いないが、そういう不愉快な思いをしている人々に一つ質問したい。

あなたは、日本の歴史に極めて造詣《ぞうけい》深く、日本人の本質を鋭く分析した国民作家司馬遼太郎が、私と同じ意見だということを知っていますか？と。

晩年、司馬遼太郎はそのものズバリ「平和」というエッセイを書いた（『風塵抄《ふうじんしょう》』中央公論新社刊所収）。その中で司馬遼太郎はまず平和とは「まことにはかない」ものだとし、日本人の平和を求める態度を「平和念仏主義」と鋭く批判している。

「平和念仏主義」とは、皆が「平和、平和」と唱えれば平和が実現するというもので、今でも新聞の社説などで繰り返し主張されていることだ。

戦いの概要

室町時代中期の嘉吉《かきつ》1年（1441）、6代将軍足利義教《あしかがよしのり》が赤松満祐《あかまつみつすけ》に暗殺され、室町幕府の弱体化が表面化した。こうした時代背景の中、8代将軍義政《よしまさ》が跡継ぎに迎えた弟義視《よしみ》と、実子の義尚《よしひさ》との間で将軍後継争いがおこる。これをきっかけとして、義尚の生母日野富子《ひのとみこ》が頼む山名宗全《やまなそうぜん》派と、義視を後見する細川勝元《ほそかわかつもと》派とに、各守護大名が分裂。そして応仁《おうにん》1年（1467）1月18日、宗全派と勝元派がついに衝突し、応仁の乱が始まった。

両軍一進一退を続ける中、京の町は灰燼《かいじん》に帰し、戦いはさらに畿内《きない》周辺へと拡大していく。長引く戦いに、両軍とも厭戦《えんせん》気分が漂っていたが、両軍の大将の死をきっかけとして、文明《ぶんめい》9年（1477）、ようやく戦いは終わった。

だが、そんなことで平和は実現しない。平和を実現するには「人脂《ひとあぶら》のべとつくような手《て》練《れん》手《て》管《くだ》」が必要である。その一番わかりやすい例が、「徳川家康《とくがわいえやす》の豊臣《とよとみ》家処分」だというのが、エッセイ「平和」の骨子である。

家康は豊臣秀吉《ひでよし》との約束を破り、豊臣家を散々挑発し戦争を起こさせ、豊臣一族を根絶やしにした。どう考えても汚いやり方だ。しかし、それが「徳川三百年」（実際には約260年）の世界史上まれに見る平和を実現した——これが国民作家司馬遼太郎の歴史認識なのである。

私もまったく同意見だ。

日本人は、言霊《ことだま》信仰（司馬遼太郎の言う「平和念仏主義」）があって、とにかく「言えば実現する」と思っている。とんでもない。ビルを建設するには様々な技術が必要なように、平和の建設にも様々な「技術」が必要なのだ。そして、その「技術」を学ぶ最良の方法は「歴史に学ぶ」ことである。

ここで、応仁の乱という日本史上最大級の内乱がなぜ起こったかを考えてみよう。

直接のきっかけは、やはり将軍家の相続争い（義視《よしみ》vs義尚《よしひさ》）であろう。しかし、相続争いなら「徳川三百年」にもあった。3代将軍家光《いえみつ》と弟の忠長《ただなが》の争い、あるいは8代将軍に誰《だれ》がなるかという紀伊《きい》徳川家と尾張《おわり》徳川家の争いである。これはいずれも大乱にならなかっ

東軍・西軍 守護大名の分布

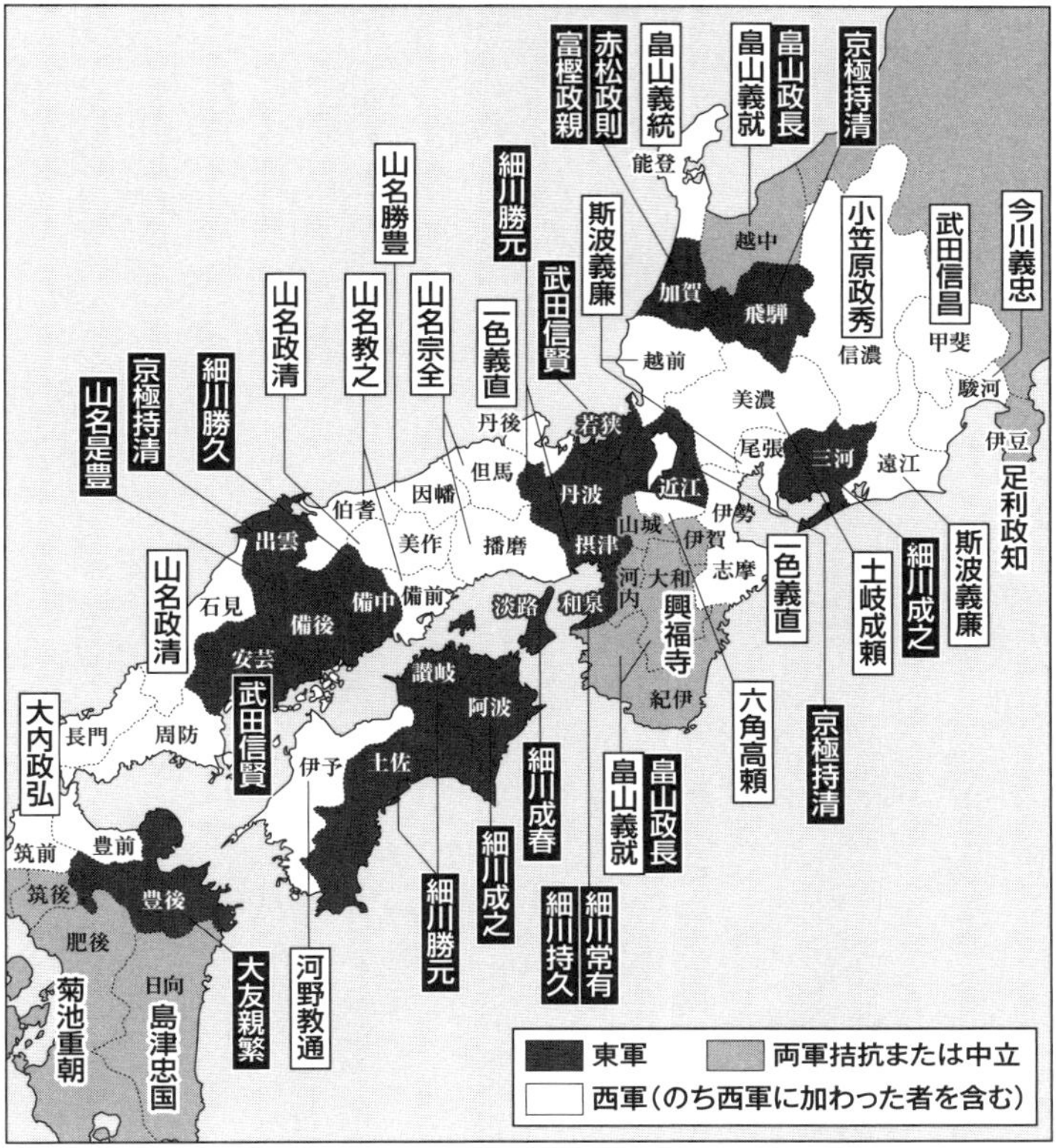

文明5年（1473）、東西両軍の大将である細川勝元と山名宗全が相次いで死去。両軍ともに厭戦気分が広がる中、文明9年11月には西国の雄・大内政弘《おおうちまさひろ》らが帰国。その後、在京の公卿や諸大名が天下静謐《せいひつ》を祝い、これをもって応仁の乱は終わりを告げた。

た。なぜか？

逆に応仁の乱がなぜ大乱になったかを考えた方がわかりやすい。諸大名がそれぞれ西軍、東軍に加担したからである。つまり、応仁の乱から戦国時代に突入してしまった最大の原因は、大名の力が強過ぎたことなのである。大名が強いということは、逆に言えば将軍家が弱いということでもある。確かにそうだ。足利《あしかが》将軍家では大名に暗殺された将軍が二人（6代義教《よしのり》、13代義輝《よしてる》）もいるが、義教を暗殺した赤松《あかまつ》家はその後大名として「御家再興」している。こんなことは江戸時代では絶対有り得ないことだ。

戦国時代というのは、政治区分で言えば室町時代末期で、幕府も将軍家も一応は存在している。しかし、川中島《かわなかじま》合戦のように大名同士が本来の領地を出て勝手に争っているのに、将軍はこれをまったくどうすることもできない。

では、江戸時代、幕末の争乱期を除いて、どこかの藩（大名）と藩が武力で領地争いをしたなどということが、一度でもあっただろうか？

なぜ、無かったか理由はもうおわかりだろう。江戸幕府の大名統制が実にうまくいっていたからだ。

参勤交代、大名の妻子を人質に取る、様々な公共工事を押しつけ財力を弱らせる。大きな領地を持っている外様《とざま》大名は絶対に老中《ろうじゅう》・若年寄《わかどしより》にはしない——これが「きれい」か「汚い」かといえば、やはり「汚い」方だろう。すなわち「人脂のついた手練手管」だ。だが、それが実行されたからこそ、世界でも珍しい徳川三百年の平和が実現したのである。

家康は読書家であった。そして実際の経験も踏まえて、江戸幕府を作った。まさに「歴史に学んだ」のだ。それから400年が過ぎた。現代の日本人はどうか?

もちろん、いくら「歴史に学べ」といっても「家康方式」はそのままでは使えない。現代なら豊臣家を滅ぼす必要はない。しかし、やはり平和を実現するには「手練手管」も必要だということは、ぜひ「歴史に学ぶ」べきだろう。少なくとも「平和念仏主義」では、絶対に平和は実現しない。ちなみに、なぜ日本人は平和の本質を理解できないかといえば、それを究極の理想と考えるがゆえに、「きれいな手段」で実現することにこだわるからだ。そして、法学部出身の「素人」に過ぎない私がなぜ歴史を語るかといえば、お気付きのように、日本人の多くは歴史学者も含めて、歴史、そして日本人の本質を理解していないからなのである。

服部《はっとり》半蔵《はんぞう》は忍者だったか？

ほんの数年前のことだが、中国の上海《シャンハイ》にある日本の総領事館の、暗号を担当していた電信官が自殺した。中国政府の工作員のいわゆる「ハニートラップ（色仕掛けの罠《わな》）」にはまり、国家機密を漏らすように脅迫されたが、「国を裏切ることは出来ない」と死を選んだのだ。ところが、肝心の日本外務省がこの情報を隠し総理大臣にも報告しなかった。これが日本という国の一つの姿だ。また、この「英雄」を表彰しようという動きもない。こんな立派な人間は１００人に１人だろう。ならば今でも「99人」は日本を裏切って中国のスパイになっているかもしれない。諸外国にはこうした政府から国民を守るためにＣＩＡ（アメリカ）やＭＩ５（イギリス）があるが、日本にはそういう機関どころかスパイ防止法すらないのが現状だ。「孫子《そんし》」の頃《ころ》からスパイの重要性あるいは有用性を説いている中国人から見れば、日本人など「お人好しの間抜け」にしか見えないだろう。

なぜこんな話題に触れたかというと、このことは「服部半蔵が忍者であったか」ということに大いに関係があるからだ。服部半蔵正成《まさなり》の父保長《やすなが》は伊賀《いが》国生まれであったが、半蔵は父が三河《みかわ》国に在住してから生まれた子である。当時、「忍者」は「武将」に比べて格下の存在であった。したがって、保長は忍者であった可能性は大いにあるが、その子半蔵は武士の子として育てられた可能性が高い。現に、半蔵は槍《やり》の名人として徳川《とくがわ》家では名を知られていた。「それでも忍者の訓練も受けていて裏では謀略を担当していたかもしれないではないか」という反論があるかもしれないが、それにしては「間抜け」過ぎるのが「岡崎三郎信康《おかざきさぶろうのぶやす》事件」における半蔵の動きである。

岡崎三郎は通称で本名は徳川信康、家康の嫡男で三河国岡崎城の城主でもあった。ところが、こ

忍者の概要

忍者の起源は、鎌倉末期から室町初期に登場した「悪党《あくとう》」（荘園領主などに反抗する集団）にさかのぼる。彼等は権力に対抗するため武器を身につけ、武術を磨いた。

忍者の里としてよく知られる伊賀《いが》（三重県西北部）と甲賀《こうか》（滋賀県東南部）の土豪は独自の自治組織をつくり、一種の独立国を築いた。しかし、元亀《げんき》1年（1570）の野洲川《やすがわ》合戦、つづく天正《てんしょう》7年（1579）の第2次天正伊賀の乱で、織田信長《おだのぶなが》による軍勢に敗れた忍者は、壊滅的な打撃を受けた。

織田軍に敗れたものの、彼等の特殊な能力は評価された。本能寺《ほんのうじ》の変で危機に陥った徳川家康《とくがわいえやす》が、伊賀者・甲賀者の加勢を得て、無事に三河《みかわ》（愛知県東部）岡崎《おかざき》に帰ったのは、その典型である。

の岡崎城に武田《たけだ》家のスパイの手が入った。家康と正夫人築山殿《つきやまどの》の仲が悪いことにつけ込み、築山殿に家康を暗殺させるという密約が成ったのである。ところが、これが信康の正夫人である五徳《ごとく》姫（織田信長《おだのぶなが》の娘）にバレた。姫の知らせで陰謀を知った信長は、家康に対し「築山殿と信康を殺せ」と命令した。家康は泣く泣くこの命令に従った。しかし、信康は無実であった。母の築山殿だけが一方向に突っ走り、信康はその巻き添えを食ったのだ。それでも家康は築山殿は家来の手で殺させ、信康には切腹を命じた。その切腹の介錯《かいしゃく》に立ったのが他ならぬ半蔵であった。しかも、半蔵は涙を流し「とても若殿の首は打てません」と、その場を逃げ出してしまったという。

これがまったくの「お芝居」で、これが信康を追い落とすための陰謀であったとするなら（そういう説も昔からある）、まさに半蔵は忍者であろう。しかし、通説通りならば、これほど「間抜け」な話はない。半蔵を忍者とし徳川家の謀略担当者とするなら、本来は家康の次に守らねばならない若殿をみすみす武田の謀略で死なせてしまったことになる。しかも、五徳姫が気付くまで岡崎城中で進められていた武田の工作に一切気が付かなかったことになる。それは有り得ない。つまり「半蔵自身は忍者ではなかった」、それが私の結論である。

しかし、ここで徳川家康も服部半蔵も大きく考えを変えた。謀略というものがいかに恐ろしく、また大切なものか、骨身に染みて思い知らされた二人は、「徳川版CIA」の設立・育成に尽力したのだと私は考える。実はこのとき武田家では信玄《しんげん》既に亡く勝頼《かつより》の時代であった。勝頼は家康以上に謀略など頭にない武将である。だからこそ、家康も油断していたのだろう。おそらくこの「信康事件」で暗躍した「武田工作員」は信玄の遺産だったに違いない。優秀な工作員・機関というものは一朝一夕に出来るものではないからだ。家康が信玄に学んだことは誰《だれ》もが知っている。しかし、その信玄は「風林火山《ふうりんかざん》」を旗印にしているように、「孫子」に学んだ人間であった。ならば軍略と同等かそれ以上に謀略を評価している孫子に、家康は信玄を通して影響を受けたはずだ。信長は忍者嫌いで、天正《てんしょう》伊賀の乱で伊賀忍者皆殺しをはかったが、これは家康にとっては幸いで、この時多くの伊賀忍者を保護したのではないかと思っている。もちろん「CIA」建設のためだ。このことは記録になく私の想像だが、このことが後になって生きた。本能寺《ほんのうじ》の変で家康一行が伊賀国を通って、決死の脱出行を試み（いわゆる「伊賀越え」）成功したのも、そうしたことがあったからではないのか。そして伊賀越えで忍者の必要性にますます目覚めた家康は、多くの伊賀者を雇い、それを伊賀者を父に持つ「初代CIA長官」の半蔵に預けた。ここにおいて徳川家は軍略・謀略共に優れた強国となったのだ。豊臣秀吉《とよとみひでよし》との直接対決である小牧《こまき》・長久手《ながくて》の戦いにおける小幡《おばた》城からの見事な撤退や、関ヶ原《せきがはら》における謀略の勝利、これは「半蔵

ＣＩＡ」の活躍があったのではないか。また、関ヶ原の戦い以後、加藤清正《かとうきよまさ》など豊臣恩顧《おんこ》の大名が次々に「病死」したことも、疑えば疑える。もちろん、徳川家の敵にも謀略の使い手はいたに違いない。私が特に気になるのは、家康が大御所《おおごしょ》として君臨した駿府《すんぷ》城が慶《けい》長《ちょう》12年（１６０７）謎《なぞ》の出火で全焼していることだ。これで家康は一年ほど時間を浪費させられている。しかし、家康は最後は勝った。その徳川家の本拠地である江戸城の中で、もし万一城が落ちた時に、将軍を伊賀・甲賀《こうか》の同心が警護して甲府《こうふ》へ脱出するための門がある。半蔵門という。もちろん半蔵がここの責任者だったからだが、日本の公的な門の中で人の名前それもファーストネームがつけられている例を私は他に知らない。

戦乱史年表

戦乱史年表

西暦	和暦	戦乱の記録
184ころ		倭《わ》国乱れ、互いに攻伐し合う（倭国大乱）
391		倭の軍勢、朝鮮半島に渡り、百済《くだら》・新羅《しらぎ》を破る
400		新羅に侵入した倭軍、高句麗《こうくり》の援兵に敗れる
404		倭の軍勢、朝鮮半島に出兵するも、高句麗に撃退される
587		丁未《ていび》の乱。敗れた物部《もののべ》氏滅ぶ
663		白村江《はくそんこう》の戦い。日本・百済軍が唐《とう》・新羅軍に大敗
672		壬申《じんしん》の乱。挙兵した大海人皇子《おおあまのみこ》、大友皇子《おおとものみこ》の軍を破る
740	天平12	九州で藤原広嗣《ふじわらのひろつぐ》が反乱を起こす
764	天平宝字8	藤原仲麻呂《なかまろ》、道鏡《どうきょう》と対立し挙兵
780	宝亀11	俘囚《ふしゅう》の伊治呰麻呂《これはりのあざまろ》が按察使《あぜち》紀広純《きのひろずみ》を殺害（伊治呰麻呂の乱）
802	延暦21	坂上田村麻呂《さかのうえのたむらまろ》、アテルイを降伏させる（蝦夷《えみし》征討）
878	元慶2	出羽《でわ》の俘囚が秋田城を襲い、約10か月反乱が続く（元慶《がんぎょう》の乱）
894	寛平6	新羅の海賊、対馬《つしま》を襲う
1083	永保3	源義家《よしいえ》、清原氏の内紛に介入し清原家衡《いえひら》を攻める（後三年の役始まる）
1087	寛治1	源義光《よしみつ》が義家の援軍に下向。金沢柵が陥落、清原氏滅ぶ
1106	嘉承1	義光、源義国《よしくに》と常陸で戦う
1108	天仁1	平正盛《まさもり》、出雲《いずも》で乱暴を働いた源義親《よしちか》を追討
1129	大治4	平忠盛《ただもり》、瀬戸内の海賊を追討
1156	保元1	保元《ほうげん》の乱。後白河《ごしらかわ》天皇方、崇徳《すとく》上皇方を破る
1159	平治1	平治《へいじ》の乱が起こり、藤原信頼《のぶより》・源義朝《よしとも》ら、平清盛《きよもり》に敗れる
1180	治承4	源頼政《よりまさ》、以仁王《もちひとおう》を擁し挙兵。宇治で頼政敗死
		源頼朝《よりとも》、伊豆で挙兵。石橋山の戦いに敗れ、安房《あわ》へ逃れる
		頼朝、鎌倉に入ったのち、富士川の戦いで平氏方を破る
		平重衡《しげひら》ら、奈良を攻め東大寺・興福寺などを焼く
1181	養和1	平重衡軍、墨俣《すのまた》川で源行家《ゆきいえ》勢を破る
1183	寿永2	頼朝方の小山朝政《おやまともまさ》ら、志田義広《しだよしひろ》を野木宮《のぎみや》（下野《しもつけ》国）の戦いで破る
		倶利伽羅《くりから》峠の戦い。木曾義仲《よしなか》軍が平維盛《これもり》らの平氏軍を破る
		入京して平氏を追撃する義仲、水島の戦いで

935	承平5	平　将門《たいらのまさかど》、常陸《ひたち》で平国香《くにか》らを討ち取る
936	承平6	将門、下野《しもつけ》で合戦し平良兼《よしかね》を破る
937	承平7	将門と良兼、たびたび合戦に及ぶ
939	天慶2	将門、常陸国衙《こくが》などを襲撃。新皇と称し反乱に突入 瀬戸内海の海賊を従えた藤原純友《すみとも》、藤原子高《さねたか》を殺害（純友の乱）
940	天慶3	藤原秀郷《ひでさと》・平貞盛《さだもり》、将門を討ち取る
941	天慶4	小野好古《おののよしふる》ら、博多津《はかたのつ》で純友勢を撃破。純友、斬首される
1019	寛仁3	女真《じょしん》族が北九州に侵攻。藤原隆家《たかいえ》ら、これを撃退（刀伊《とい》の入寇《にゅうこう》）
1028	長元1	平忠常《ただつね》、房総一帯で反乱（平忠常の乱始まる）
1031	長元4	源　頼信《みなもとのよりのぶ》、忠常の降伏を受ける
1050	永承5	安倍頼良《よりよし》（のちの頼時《よりとき》）、陸奥守《むつのかみ》藤原登任《なりとう》および秋田城介《じょうのすけ》平繁成《しげなり》らを破る
1051	永承6	源頼義《よりよし》、陸奥守となり安倍氏と戦端を開く（前九年の役始まる）
1057	天喜5	安倍頼時、鳥海柵《とりのみのさく》（陸奥国）で戦死
1062	康平5	源頼義、出羽・清原氏の来援を請い安倍氏に反攻 厨川柵《くりやがわのさく》（陸奥国）が陥落、安倍貞任が斬首されて安倍氏滅ぶ
		平氏軍に敗れる
1184	寿永3	頼朝方の源範頼《のりより》・義経、瀬田・宇治で義仲勢を破る 義仲、近江国粟津《おうみあわづ》で敗死する 一の谷《いちのたに》の戦い。範頼・義経らが平氏方を破る
1185	寿永4	義経軍、屋島《やしま》の戦いで平氏軍を破る 壇ノ浦《だんのうら》の戦いで敗れた平氏一門、滅亡
1189	文治5	藤原泰衡《やすひら》、義経を討つ 頼朝、奥州藤原氏を追討
1201	建仁1	越後の城《じょう》氏、鎌倉幕府に討たれる
1213	建暦3	和田義盛《わだよしもり》、鎌倉で反北条氏の兵を挙げる
1221	承久3	承久《じょうきゅう》の乱。敗れた後鳥羽《ごとば》上皇ら流罪になる
1247	宝治1	北条時頼《ときより》、三浦泰村《みうらやすむら》らを討ち、三浦氏を滅ぼす（宝治《ほうじ》合戦）
1274	文永11	元《げん》軍、北九州を侵略。日本軍、苦戦するも元軍は撤退（元寇《げんこう》・文永《ぶんえい》の役）
1281	弘安4	日本軍、元軍を撃退（元寇・弘安《こうあん》の役）
1285	弘安8	安達泰盛《あだちやすもり》、平頼綱《よりつな》に討たれる（霜月《しもつき》騒動）
1320	元応2	出羽の蝦夷《えみし》、安東氏の内紛にからみ反乱頻発
1331	元徳3・元弘1	後醍醐《ごだいご》天皇、笠置山《かさぎやま》（山城国）で討幕の挙兵（元弘《げんこう》の変）
1332	正慶1・元弘2	楠木正成《くすのきまさしげ》、後醍醐に加勢し赤坂《あかさか》城籠城戦に入る 護良《もりよし》親王、吉野《よしの》で挙兵。正成、千早《ちはや》城籠城

1333	正慶2・元弘3	幕府軍、赤坂城を落とすも、千早城の戦いで膠着《こうちゃく》する 足利高氏《あしかがたかうじ》（尊氏）、後醍醐方に参戦 六波羅探題《ろくはらたんだい》滅亡 新田義貞《にったよしさだ》ら、鎌倉を攻略。幕府滅ぶ
1335	建武2	北条時行《ときゆき》、鎌倉攻略（中先代《なかせんだい》の乱） 尊氏、時行軍を破る 尊氏討伐軍の義貞勢、箱根竹下の戦いで敗北
1336	建武3・延元1	入京した足利勢、北畠顕家《きたばたけあきいえ》らに追われ、九州に落ちる 多々良浜《たたらはま》（筑前国《ちくぜん》）の戦いで、足利勢が菊池武敏《きくちたけとし》ら後醍醐方を破る 反攻した足利尊氏、湊川《みなとがわ》の戦いで正成・義貞勢を破り、正成自害
1337	建武4・延元2	後醍醐方の金ケ崎《かねがさき》城が落ち、尊良《たかよし》親王自害 北畠顕家、足利義詮《よしあきら》の守る鎌倉を攻略
1338	暦応1・延元3	顕家、高師直《こうのもろなお》勢との和泉石津《いずみいしづ》の戦いで敗死 藤島（越前国）の戦いで義貞が戦死
1348	貞和4・正平3	楠木正行《まさつら》、四条畷《しじょうなわて》の戦いで師直勢に敗れ自害 高師直勢、南朝拠点の吉野を落とす
1350	観応1・正平5	足利直義《ただよし》派の上杉憲顕《のりあき》ら、高師直勢と衝突（観応《かんのう》の擾乱《じょうらん》始まる）
1351	観応2・正平6	直義勢、光明寺合戦などで足利尊氏勢に

1419	応永26	朝鮮軍、対馬襲撃。九州探題渋川義俊《しぶかわよしとし》らがこれを撃退（応永の外寇《がいこう》）
1438	永享10	足利持氏、上杉憲実《のりざね》討伐の挙兵。幕府追討軍、持氏を捕縛（永享《えいきょう》の乱）
1440	永享12	結城氏朝《ゆうきうじとも》、持氏遺児を擁して反幕府の挙兵（結城合戦始まる） 石川持光《もちみつ》ら結城合戦に呼応の諸将、篠川《ささがわ》御所を攻め、足利満直《みつなお》自害
1441	嘉吉1	結城城（下総国）落城し、氏朝敗死 赤松満祐《あかまつみつすけ》、足利義教《よしのり》を殺害。その後、満祐は自害（嘉吉《かきつ》の乱）
1454	享徳3	鎌倉公方足利成氏《しげうじ》、上杉憲忠《のりただ》を殺害（享徳《きょうとく》の乱始まる）
1455	康正1	成氏勢、関東管領上杉勢と分倍河原《ぶばいがわら》（武蔵国）で会戦 幕府の成氏追討軍、鎌倉を占領し、成氏、古河《こが》に拠《よ》る
1457	長禄1	北海道南部の蝦夷、蜂起。武田信広《たけだのぶひろ》がこれを鎮圧（コシャマインの戦い）
1467	応仁1	応仁《おうにん》・文明《ぶんめい》の乱勃発《ぼっぱつ》
1473	文明5	扇谷上杉家《おうぎがやつうえすぎ》の上杉政真《まさざね》、五十子《いらこ》（武蔵国）で足利成氏に敗死

		尊氏の反攻にあい、直義、京から逃れる 勝利し、高師直らを殺害
1352	文和1・正平7	尊氏、鎌倉で直義を殺害 宗良親王《むねよししんのう》・新田義興《よしおき》ら鎌倉を奪う 尊氏、武蔵野合戦で南朝方を破る 尊氏・義詮ら、鎌倉・京を奪回
1355	文和4・正平10	京で南北両軍の合戦となり、敗れた南朝勢、天王寺に退く
1359	延文4・正平14	筑後川《ちくご》の合戦で、懐良《かねよし》親王・菊池武光《きくちたけみつ》らが少弐頼尚《しょうによりひさ》を破る
1377	永和3・天授3	九州南朝を支えた菊池《きくち》氏、臼間野《うすまの》(肥後国)で北朝勢に大敗する
1389	康応1・元中6	高麗《こうらい》軍、対馬を攻める
1390	明徳1・元中7	足利義満《よしみつ》、有力守護の土岐康行《ときやすゆき》を討伐(土岐康行の乱) 今川貞世《さだよ》、宇土《うと》などで南朝勢を破る
1391	明徳2・元中8	足利義満、挙兵した山名氏清《やまなうじきよ》・満幸《みつゆき》らを京の内野で破る(明徳《めいとく》の乱)
1399	応永6	大内義弘《おおうちよしひろ》、堺で反義満の挙兵。義満、義弘を討つ(応永《おうえい》の乱)
1416	応永23	上杉禅秀《うえすぎぜんしゅう》・足利満隆《みつたか》ら、足利持氏《もちうじ》に反し挙兵(上杉禅秀の乱)
1476	文明8	太田道灌《おおたどうかん》、今川家の家督争いに介入。これを伊勢盛時《もりとき》(北条早雲《ほうじょうそううん》)が調停
1477	文明9	長尾景春《かげはる》、五十子で上杉顕定《あきさだ》・定正《さだまさ》を襲撃、顕定らは上野《こうずけ》に撤退 太田道灌、反上杉に与《くみ》した豊島泰経《としまやすつね》らを江古田ヶ原《えこだがはら》・沼袋《ぬまぶくろ》の戦いで破る
1485	文明17	山城《やましろ》の国人《こくじん》・百姓ら蜂起。畠山政長《はたけやままさなが》・義就《よしなり》に退陣要求(山城国一揆)
1487	長享1	将軍足利義尚《よしひさ》、六角高頼《ろっかくたかより》征討のため近江坂本《さかもと》に出陣
1488	長享2	加賀一向一揆、守護富樫政親《とがしまさちか》を殺害
1491	延徳3	将軍足利義材《よしき》(義尹《よしただ》・義稙《よしたね》)、六角高頼征討のため近江に出陣
1493	明応2	細川政元が義材を廃し、足利義澄《よしずみ》を新将軍に擁立(明応《めいおう》の政変) 北条早雲、堀越《ほりごえ》の足利茶々丸《あしかがちゃちゃまる》を攻め、伊豆に侵攻
1495	明応4	早雲、小田原城攻めで大森藤頼《おおもりふじより》を破り、相模《さがみ》に侵攻
1511	永正8	細川澄元《すみもと》に京を追われた将軍義尹《よしただ》、船岡山(山城国)で細川勢を破り帰京
1516	永正13	北条早雲、新井城攻めで三浦義同《みうらよしあつ》を討ち、相模平定

1517	永正14	古河公方《こがくぼう》家の内紛で、足利義明《よしあき》が小弓《おゆみ》城を攻め落とす
1531	享禄4	加賀一向一揆、内紛し戦闘に至る（大小一揆《だいしょういっき》）
		細川高国《たかくに》、三好元長《もとなが》らに天王寺の戦いで敗れ、自害
1532	天文1	六角定頼《さだより》・法華一揆《ほっけいっき》、本願寺を襲い、山科《やましな》本願寺落ちる
1536	天文5	今川氏の内紛（花倉《はなくら》の乱）。勝者の今川義元《いまがわよしもと》が家督を継ぐ
		京の法華一揆、延暦寺《えんりゃくじ》らに攻められ壊滅（天文法華《てんぶんほっけ》の乱）
1538	天文7	第1次国府台《こうのだい》合戦で、小弓公方義明、北条氏綱《うじつな》らに敗れ、戦死
1540	天文9	織田信秀《おだのぶひで》、三河《みかわ》・松平《まつだいら》氏の安祥《あんじょう》城を落とす
		尼子詮久《あまごあきひさ》、毛利元就《もうりもとなり》の郡山《こおりやま》城を攻めるが敗退
1542	天文11	大内義隆《よしたか》、毛利元就らと月山富田《がっさんとだ》城を攻めるが、撤退
		伊達晴宗《だてはるむね》、父稙宗《たねむね》と対立し、内乱が生じる（天文《てんぶん》の乱）
		織田信秀、今川義元を小豆坂《あずきざか》（三河国）で破る
		斎藤利政《としまさ》（道三《どうさん》）、土岐頼芸《ときよりなり》を追い、美濃平定
1546	天文15	北条氏康《うじやす》、古河公方・関東管領勢を河越《かわごえ》で

1569	永禄12	信玄、小田原城を攻めるが、落とせず撤退
		信玄、三増峠《みませ》で北条勢を破る
1570	元亀1	信長、姉川《あねがわ》の戦いで浅井長政《あざいながまさ》・朝倉義景《あさくらよしかげ》を破る
		本願寺顕如《けんにょ》、反信長の兵を挙げる（石山合戦始まる）
1572	元亀3	信玄、三方ヶ原《みかたがはら》の戦いで家康を破る
1573	天正1	将軍足利義昭《よしあき》、槇島《まきしま》城で反信長の挙兵。敗れた義昭、追放される
1575	天正3	信長、長篠《ながしの》の戦いで武田勝頼《かつより》を破る
1576	天正4	毛利方村上水軍ら、第1次木津川口《きづがわぐち》の戦いで織田方九鬼《くき》水軍らを破る
1577	天正5	上杉謙信、七尾《ななお》城を落とし、能登を領する
		謙信、手取川《てどりがわ》で織田勢を撃破し、加賀を侵す
1578	天正6	織田方九鬼水軍ら、第2次木津川口の戦いで毛利方村上水軍らを破る
		島津義久《よしひさ》、耳川の戦いで大友義鎮《おおともよししげ》（宗麟《そうりん》）を破る
1579	天正7	織田信雄《のぶかつ》、伊賀の国人領主層に敗れる（第1次天正伊賀《てんしょういが》の乱）
1580	天正8	本願寺顕如、信長と和議を結び、石山本願寺から退去
1581	天正9	織田の大軍、伊賀惣国一揆《そうこくいっき》を殲滅《せんめつ》する（第2次天正伊賀の乱）

		撃破（河越夜戦）
1548	天文17	武田信玄《しんげん》、上田原の戦いで村上義清《むらかみよしきよ》に大敗
1550	天文19	信玄、砥石《といし》城で村上義清に大敗（砥石崩れ）
1553	天文22	上杉謙信《けんしん》と信玄、信濃・川中島《かわなかじま》の地で戦う（第1次川中島の戦い）
1555	弘治1	第2次川中島の戦い
		厳島《いつくしま》の戦いで毛利元就が陶晴賢《すえはるかた》を破る
1556	弘治2	斎藤道三、長子義龍《よしたつ》と長良川《ながらがわ》で戦い、敗死
1557	弘治3	第3次川中島の戦い
1560	永禄3	織田信長、桶狭間《おけはざま》の戦いで今川義元を討つ
		謙信、関東に出兵し厩橋《うまやばし》城に入る
1561	永禄4	謙信、小田原城を攻めるが、落とせず撤退
		第4次川中島の戦い。武田信繁《のぶしげ》ら討ち死に
1563	永禄6	松平（徳川）家康領下で一向一揆が蜂起（三河一向一揆）
1564	永禄7	第5次川中島の戦い
1565	永禄8	三好義継《みよしよしつぐ》・松永久秀《まつながひさひで》、将軍足利義輝《あしかがよしてる》を襲い殺害
1566	永禄9	毛利元就、月山富田城を攻める。尼子義久《よしひさ》降伏し、尼子氏滅ぶ
1567	永禄10	信長、斎藤龍興《たつおき》の稲葉山城（岐阜城）を落とし、居城とする
1582	天正10	信長、武田領に侵攻し、武田氏を滅ぼす（武田勝頼は天目山《てんもくざん》麓の田野《たの》で自刃）
		明智光秀《あけちみつひで》、信長を本能寺に襲い自害させる（本能寺の変）
		羽柴秀吉《はしばひでよし》、備中《びっちゅう》から撤兵し（中国大返し）、山崎で光秀を破る
1583	天正11	秀吉、賤ケ岳《しずがたけ》の戦いで柴田勝家《しばたかついえ》を破る
1584	天正12	龍造寺隆信《りゅうぞうじたかのぶ》、沖田畷《おきたなわて》（肥前《ひぜん》国）で島津勢に敗れ戦死
		秀吉、家康・織田信雄連合軍と戦う（小牧《こまき》・長久手《ながくて》の戦い）
1585	天正13	長宗我部元親《ちょうそかべもとちか》、伊予《いよ》を領有し、四国統一
		元親、秀吉に降伏し土佐《とさ》一国の領主となる
		家康派遣の徳川勢、真田昌幸《さなだまさゆき》の上田城を攻めるが敗退（第1次上田合戦）
		伊達政宗《まさむね》、人取橋《ひとどりばし》の戦いで、蘆名《あしな》・佐竹《さたけ》勢と戦う
1587	天正15	秀吉、九州に大軍を派遣。島津氏降伏
1589	天正17	伊達政宗、摺上原《すりあげはら》の戦いに勝利し、蘆名氏を滅ぼす
1590	天正18	秀吉、小田原城を攻め、北条氏を降《くだ》す（天下統一達成）

1592	文禄1	秀吉、朝鮮に出兵（文禄《ぶんろく》の役始まる） 日本軍、李舜臣《イスンシン》の水軍に敗退
1593	文禄2	明《みん》軍、平壌《ピョンヤン》を奪回する 日本軍、碧蹄館《ピョクチェグワン》（現・高陽市）の戦いで明軍を破り、休戦
1597	慶長2	秀吉、朝鮮に再出兵（慶長《けいちょう》の役始まる） 李舜臣、鳴梁《ミョンリャン》で日本水軍を撃破
1598	慶長3	加藤清正《きよまさ》ら蔚山《ウルサン》城に籠城。秀吉が死去し、日本軍撤兵
1600	慶長5	家康、上杉景勝《かげかつ》征討に出陣。石田三成《いしだみつなり》、挙兵 徳川秀忠《ひでただ》勢、上田城で足止めをくらう（第2次上田合戦） 直江兼続《なおえかねつぐ》率いる上杉勢、家康方の最上義光《もがみよしあき》を攻め、長谷堂《はせどう》合戦起こる 黒田如水《くろだじょすい》（孝高《よしたか》）ら、石田三成方の大友義統《よしむね》を石垣原《いしがきばる》合戦で破る 関ケ原《せきがはら》の戦い。一日で東軍の勝利に終わる。
1614	慶長19	家康率いる諸大名軍、豊臣秀頼《とよとみひでより》の大坂城を攻める（大坂冬の陣）
1615	元和1	家康、大坂を再攻。大坂城が落城し、豊臣氏滅ぶ（大坂夏の陣）

1868	明治1	鳥羽《とば》・伏見《ふしみ》の戦いで、旧幕府軍敗北（戊辰《ぼしん》戦争始まる） 江戸城無血開城。彰義隊《しょうぎたい》壊滅 河井継之助《かわいつぐのすけ》ら長岡藩兵、新政府軍に敗北（北越戊辰戦争） 新政府軍、会津若松《あいづわかまつ》城攻め。会津藩降伏
1869	明治2	榎本武揚《えのもとたけあき》ら旧幕府脱走軍、五稜郭《ごりょうかく》に拠る（箱館《はこだて》戦争始まる） 新政府軍、蝦夷地《えぞち》に上陸して箱館を攻撃し、榎本武揚ら降伏
1874	明治7	旧佐賀《さが》藩士族、政府軍に鎮圧され、江藤新平《えとうしんぺい》ら斬首（佐賀の乱） 日本軍、台湾出兵を行い、宗主国清《しん》から賠償金を得る
1875	明治8	日本軍、朝鮮で武力衝突（江華島《こうかとう》事件）
1876	明治9	旧熊本藩士族、政府軍に鎮圧される（神風連《じんぷうれん》の乱） 旧秋月《あきづき》藩士族、政府軍に鎮圧される（秋月の乱） 旧長州藩士族、鎮圧され、前原一誠《まえばらいっせい》斬首（萩《はぎ》の乱）
1877	明治10	西郷隆盛《さいごうたかもり》ら旧薩摩藩士族、熊本城を攻撃

1637	寛永14	島原・天草で領民が蜂起し、原城に籠城（島原の乱始まる）
1638	寛永15	板倉重昌《いたくらしげまさ》、原城攻撃で戦死 幕府組織の鎮圧軍、原城を落とす
1837	天保8	大塩平八郎《おおしおへいはちろう》、大坂で豪商などを襲撃するも、鎮圧され自害
1863	文久3	長州藩《ちょうしゅうはん》、下関《しものせき》で外国船を砲撃するも、報復される（馬関《ばかん》戦争） 薩摩藩、イギリス艦隊と鹿児島湾で交戦（薩英戦争）
1864	元治1	天狗《てんぐ》党、諸生《しょせい》党と衝突し筑波《つくば》山で挙兵（天狗党の乱始まる） 禁門の変。幕府、長州征討を決定（第1次長州戦争） 英・仏・米・蘭連合艦隊、下関を砲撃して砲台を占拠
1865	慶応1	京へ向かう天狗党一派、敦賀《つるが》で投降し、処刑される 幕府、再度の長州征討を命ずる（第2次長州戦争「四境《しきょう》戦争」始まる）
1866	慶応2	幕府方の小倉《こくら》城、長州藩の攻撃で落城し、幕府軍撤退する

		（西南《せいなん》戦争始まる） 政府軍、田原坂《たばるざか》で西郷軍を破る 政府軍、城山を総攻撃し、西郷自刃
1894	明治27	朝鮮で甲午《こうご》農民戦争が起こり、日清《にっしん》戦争へつながる 日本軍、黄海《こうかい》海戦に勝利
1895	明治28	下関条約が結ばれ、日清戦争終わる 露・独・仏の三国干渉で遼東《りょうとう》半島を返還
1900	明治33	義和団《ぎわだん》の乱に同調して、清、列強諸国に宣戦布告 八か国連合軍、北京を落とし乱を鎮圧
1901	明治34	北京議定書締結
1904	明治37	日露《にちろ》戦争始まる
1905	明治38	奉天《ほうてん》会戦。日本軍優勢 東郷平八郎《とうごうへいはちろう》率いる日本海軍、日本海海戦でロシア・バルチック艦隊に勝利 ポーツマス条約調印、日露戦争終わる

あとがき

歴史には様々な見方がある。

視点といってもいいが、それはたとえば「明治維新をどう評価するか」などという、歴史上の事実に正面切って立ち向かうもの、だけではない。

そういう「大ネタ」ばかりでなく「小ネタ」もあるし、「ネタ」自体も様々な種類がある。この本でいえば「『三本の矢』神話はなぜ生まれたか（毛利元就伝）」「信長の天才性―鉄甲船というアイデア（大坂湾海戦）」など、歴史の本筋とは全く関係なさそうな話である。

しかし、実はそういった、いわばサイドストーリーに陽を当てることによって、歴史の理解がより深くなることがある。

たとえば「大量の鉄砲の轟音が武田騎馬軍団を制御不能にした（長篠の戦い）」にしても、ここで私が指摘した視点をとることで、さかのぼっては元寇、下っては明治以降の「騎兵」に対する見方そのものが、変わってくるはずである。

詳しくは本文を見て頂きたいが、実はこのテーマは歴史というものの真相に、どうやってアプローチするかということの、絶好の「教材」になるとも思っている。そもそも、私がこのことに気が付いたのは、教科書にも必ず載っている竹崎五郎季長がモンゴル軍の「てっぽう（鉄炮）」つまり「砲弾」の炸裂に驚いた馬を、必死になって抑えている図を見たからなのである。

「あれ、馬って結構臆病なんだな」と思った。

私自身は乗馬はしない。だから、この図を見なければ生涯気が付かなかったかもしれないが、気になったので現代の「乗馬入門書」を読んでみた。すると、初心者への注意として、馬は非常に音に敏感な動物だから注意しろ、とあった。女性のイヤリングのこすれるような音でも、それが耳元で聞こえると暴走することがあるとも、書いてあった。「暴れ馬」というのが時代劇にもよく登場するが、あの原因も「音」であることが多いことも知った。そして、火縄銃の銃声なら、実は私は聞いた経験がある。何かの「戦国まつり」のデモンストレーションで、空砲（実弾は不使用）だったが、何というか「耳をつんざく」とはこのことかと思った。

「竹崎五郎の絵」とこのことが頭の中で結びついた時に、私は長篠合戦の「真相」に気が付いたというわけだ。

そういう経験をこの本で追体験して頂ければ幸いである。

＊本書は、小社刊『新説・戦乱の日本史』（２００８年発行）をもとに再編集したものです。

井沢元彦の

戦乱の日本史

井沢元彦（いざわ　もとひこ）

作家。1954年2月、愛知県名古屋市生まれ。早稲田大学法学部卒業。TBS報道局記者時代の80年に、『猿丸幻視行』で第26回江戸川乱歩賞を受賞。現在は執筆活動に専念し、独自の歴史観で『逆説の日本史』を『週刊ポスト』にて好評連載中。著書に『逆説の日本史』シリーズのほか『天皇になろうとした将軍』『逆説のニッポン歴史観』『なぜ中国人、韓国人に媚びるのか』『逆説のアジア史紀行』などがある。

２００９年12月6日　初版第1刷発行

著　者　井沢元彦

© MOTOHIKO IZAWA 2009

発行者　蔵　敏則

発行所　株式会社　小学館

〒１０１−８００１　東京都千代田区一ツ橋２−３−１

電話／編集　０３（３２３０）５１１８

販売　０３（５２８１）３５５５

装　幀　おおうちおさむ

作　図　タナカデザイン　蓬生雄司

編　集　掛川竜太郎

印刷所　大日本印刷株式会社

製本所　株式会社若林製本工場

Printed in Japan ISBN978-4-09-626316-7

造本には十分注意しておりますが、印刷、製本など製造上の不備がございましたら「制作局コールセンター」（フリーダイヤル０１２０−３３６−３４０）にご連絡ください。

（電話受付は、土・日・祝日を除く９時半〜17時半）

R〈日本複写権センター委託出版物〉

本書の全部または一部を無断で複写（コピー）することは、著作権法上の例外を除いて禁じられています。本書をコピーされる場合は、事前に日本複写権センター（ＪＲＲＣ）の許諾を受けて下さい。

JRRC〈http://www.jrrc.or.jp　e-mail:info@jrrc.or.jp　TEL 03-3401-2382〉

ビジュアル版

写真・イラスト・地図など貴重な史料が満載。
「史跡巡り」に必携の、見て楽しむ歴史解説書。

「逆説の日本史」 井沢元彦

大反響発売中

一 古代編（上） 978-4-09-379793-1　二 古代編（下） 978-4-09-379801-3

小学館

「家康の遺言」に秘められた水戸黄門への密命とは――!?
幕末尊皇攘夷思想のルーツに迫る衝撃の歴史ノンフィクション!!

「逆説の日本史」 16 江戸名君編

大反響 発売中

水戸黄門と朱子学の謎

●四六判／456ページ
978-4-09-379686-6

愛読者サービスセンター ☎03-5281-3555 ◎http://www.shogakukan.co.jp